小学生作业设计的
研究与实践

李 静 冯仁格 黄 璐 ◎ 主编

汕头大学出版社

图书在版编目（CIP）数据

小学生作业设计的研究与实践 / 李静，冯仁格，黄璐主编 . -- 汕头 : 汕头大学出版社，2024. 11.
ISBN 978-7-5658-5511-5

Ⅰ . G622.46

中国国家版本馆 CIP 数据核字第 202562AB94 号

小学生作业设计的研究与实践
XIAOXUESHENG ZUOYE SHEJI DE YANJIU YU SHIJIAN

主　　编：	李　静　冯仁格　黄　璐
责任编辑：	邹　峰
责任技编：	黄东生
封面设计：	邹文奥
出版发行：	汕头大学出版社
	广东省汕头市大学路 243 号汕头大学校园内　邮政编码：515063
电　　话：	0754-82904613
印　　刷：	武汉鑫佳捷印务有限公司
开　　本：	787mm×1092mm　1/16
印　　张：	17.25
字　　数：	254 千字
版　　次：	2024 年 11 月第 1 版
印　　次：	2024 年 11 月第 1 次印刷
定　　价：	86.00 元

ISBN 978-7-5658-5511-5

版权所有，翻版必究

如发现印装质量问题，请与承印厂联系退换

编委会

主　编：李　静　　冯仁格　　黄　璐
编　委：董博雯　　邵以临　　周艺伟　　王　玲　　宋曼霓　　李楚云
　　　　鲍家明　　王萌萌　　吴雪寒　　徐　灿　　陈奕帆　　陈安琪
　　　　陈　燕　　张　婷　　张超奇　　陈晓丹　　屈雅梦　　李　莹
　　　　张　慧　　席　然　　吴依远　　白米雪　　孙杨莹

前 言

随着教育的不断进步和技术的日新月异,作业设计已成为教学过程中不可或缺的一部分。作业不仅帮助学生巩固课堂所学知识,还能培养他们独立思考能力和问题解决能力。因此,精心设计的作业对学生的学习成长至关重要。

在本书中,我们将探讨作业设计的重要性、原则及具体策略。我们坚信,优秀的作业设计应既符合教学目标,又能激发学生的学习兴趣,让他们在完成作业的过程中实现自我提升。

首先,作业设计需遵循科学性、系统性和针对性的原则。科学性意味着作业内容要基于学科知识的内在逻辑和学生的认知规律,确保作业的有效性和可靠性。系统性则要求作业设计要考虑到学科的整体框架和学生的学习进度,使各个作业之间形成有机联系。针对性则强调作业要针对学生的实际情况和个体差异设计,以满足不同学生的学习需求。

其次,作业设计应注重多样性、层次性和实践性。多样性可以激发学生的学习兴趣,避免单调乏味。层次性则能让不同水平的学生都能在作业中找到自己的挑战点,实现个性化学习。实践性则强调作业要贴近现实生活,让学生在实践中加深对知识的理解和运用。

最后,编者希望通过本书中多篇研究性文章和一线教学案例,能为广大教育工作者提供一些有益的启示和建议,共同推动作业设计的优化和创新。编者相信,在大家的共同努力下,作业设计将成为促进学生全面发展的重要手段,为培养更多优秀人才奠定坚实基础。

和作业对话

　　——"每日一问"启发学生的数学思考　　　　　　　　马艺菲 /73

基于量感发展的估测教学与实践作业设计

　　——以小学数学三年级上册《估计长度》为例　　　　庄兆坤 /76

案例篇

Unit 3 Festivals 第三课时作业设计　　　　　　　　　　　耿婕 /95

"双减"背景下的小学数学作业设计策略与实践　　陈安琪　陈燕 /105

创新作业形式，完善作业评价

　　——小学语文三年级下册第三单元作业设计与评价

　　　　　　　　　　　　　　　　　　　　　　李楚云　周梦婷 /114

走近神话故事，感受神话魅力

　　——四年级上册第四单元作业设计　　　　　　鲍家明　唐小凤 /128

Unit 4 Feelings 单元作业设计　　　　　　　　　　　　　张婷 /137

数据收集和整理（1）例1.2　　　　　　　　　　　　　黄佳凤 /150

人音版小学二年级上册第8课《新年好》作业设计　　　　屈雅梦 /162

二年级下册语文第四单元及《彩色的梦》单课作业设计　　王长茜 /173

优化设计，为作业赋能

　　——以部编版三年级语文下册第四单元为例　　　　　　王欢 /187

"游戏博弈算法的策略分析之谁是必胜客"作业设计　　　沈梦婕 /196

"民间体育游戏"式体育家庭作业设计的探究　　　　　　刘婉秋 /202

"四有"课堂背景下小学数学中段复习课教学模式研究

　　——以三年级上学期第六单元《整理与复习》为例　　　熊飞 /213

目　录

小学语文单元整组作业设计
　　——统编教材语文三年级下册第二单元　　　邵以临 /222
《中国龙》作业设计　　　　　　　　　　　胡兰田　陈晓丹 /255

研究篇

英语教学中的单元作业设计

武汉市光谷第十一小学　李静

作业设计是巩固学生所学知识的教学反馈，也是培养学生学习能力的拓展训练。在英语教学中，作业设计应该体现培养学生的听、说、读、写的能力；小学英语教学重在培养学生的学习习惯和学习能力，作业设计也应该体现趣味性、开放性、实践性、自主性和拓展性。作业设计不是简单的知识总结，要讲究作业设计的艺术。

外语教学研究出版社三年级上册《英语》Unit2 Numbers的教学内容主要从学习数字单词"one"到"ten"，句型"What's your phone number? My phone number is…"为主，其中语法知识包含数字与名词搭配时呈现的名词单复数形式。教材上安排的教学活动形式丰富，内容相对简单，如何让学生在所学内容的基础上获得更多的课外知识，这就需要教师在作业设计上下功夫，特别是在课堂作业的设计中，要注重学生知识能力的拓展。

作业设计体现情境性与生活化。本单元的第一课时是学习一首英文儿歌，并掌握数字词汇。在教学中，笔者采用了学生课间十分钟的活动形式进行学习，让学生在轻松愉快的氛围中演唱这首儿歌，大部分学生表达了对英语的喜爱，这得益于课间十分钟的情景化活动设计。由于班级学生的英语学习基础扎实，笔者采用了调查题的形式进行作业设计，让学生写出以下号码的英文形式和在生活中所代表的特殊意义，如119、120、110等，学生在作业反馈中，反映出大多数学生能准确反馈答案，有的学生甚至能用英文写出这些号码所表示的意义，如119：one-one-nine，fire alarm 等。学生丰富的课外语言知识也让教师获得了教学上的欣喜。在家庭作业的设计中，教师让学生观察和收集身边的英文数字的特殊含义，学生表现出对此类作业的兴趣盎然，这也体现出作业设计生活化的优势。

　　作业设计注重实践性。本单元的第二课时是让学生根据规律写出数字，其教学目的是巩固数字单词。在教学活动中，笔者除了让学生根据规律写出数字，还让学生进行口头表达。学生在这样扎实的训练中，牢固地掌握十个数字单词。在作业设计中，笔者还让学生采用制作英文卡片和小报的形式表达所学。学生提交的作业中有制作精美的英文单词卡片，有图文并茂的英文小报，笔者将这些作品贴在班级的英语角，学生在教室活动的时候能经常学用英语。这项作业设计不仅锻炼了学生的动手实践能力，也培养了学生的英语学科核心素养。

　　作业设计体现趣味性。本单元的第三课时是听和写学生的电话号码。一般的电话号码比较长，学生在较短的时间内无法写出完整的电话号码，教学难点凸显。笔者采用让学生听老师的电话号码，并与老师加微信好友的形式作为教学开课，学生的兴趣立即被调动起来，几乎全班同学的注意力能迅速集中，并努力地写出所听到的号码，当老师公布准确答案时，教室里写对的同学无不欢欣雀跃。随后，在课程的推进中，笔者让同学们速记语文老师和数学老师的电话号码，课堂秩序井然有序，教室里无不洋溢着兴奋的气氛。在作业设计中，笔者设计了让学生彼此采访好友的作业，并以交换联系方式的形式展开，同学们认真操练，快乐地完成所学——What's your phone number？ My phone number is……这样本课的教学设计与本单元的教学重难点相呼应，学生觉得这样的作业比抄写的作业更有趣，他们能开动脑筋努力写出号码，并希望老师多布置这样富有趣味的练习。

　　作业设计体现开放性。本单元的第四课时是学习字母Ff到Kk，教师采用让学生做字母体操、画字母等开放性的方式，让学生牢固掌握所学。本单元的第五课时是学习一个故事A story——The snails，笔者让学生在理解的基础上开展表演活动，学生自己扮演故事中的小朋友角色并进行生动有趣的表演，整个活动增加了学生的参与度，激发了学习积极性。同时，学生要理解和掌握数字单词与名词搭配时的名词单复数变化规律，于是，笔者在作业中并没有采用简单枯燥的单复数变化的语法作业，而让学生自己根据所积累的词汇进行故事改编，学生的创编作品也确实让教师赞叹，如——What's in the box? Mice. ——Mice! Yuk! ——How many? One mouse, two mice…… Ten ——Great! 这种开放性的作业设计充分培养了学生的语言创造能力，同时也让教师感受到了教学带来的成就和快乐。

清代教育家颜元说过："讲之功有限，习之功无已。"在英语教学过程中，我们不仅要重视课堂上的知识传授，更要重视"习行之功"。重视作业设计，使学生的作业以趣味训练、动手实践、开放创新、自主选择为主，让学生的知识在作业中得以巩固，让学生的技能在作业中得以掌握，让学生的能力在作业中得以提升，让学生的思维在作业中得以发展。

"练"有章，"写"有方
——小学语文课堂小练笔教学策略探析

武汉市光谷第十一小学　姚柔慧

　　带领学生写好课堂小练笔，可以快速推动课程标准中读写目标的落地生根。然而，大多数中高段学生习作兴趣不浓，书面表达能力欠佳，缺乏真情实感。阅读孩子们的作文，我们只能看到一成不变的故事，索然无味的情感，固定化的写作框架等。对于天真烂漫的孩子们来说，童言无忌本身是表达内心所想的方式，而在他们的作品中，却难以发现这种童趣。因此，"以手写我心"仅仅是个口号，这种情况应该受到重视。

　　以下结合自身教学，浅谈一下自己的做法。

一、明确目标，落实要素——仿写

　　从小学生的角度出发，在没有经过锻炼的情况下，直接进行文学创作是有一定困难的，仿写就是一个很好的开始。每个语文园地的"词句段运用"都存在大量的仿写练习，这些练习也为学生开展仿写活动提供了丰富的、有指向性的资源，选择文章中比较优美且经典的语句，让学生进行仿写，长此以往，学生便可以对这类语句有着深刻的记忆，从而丰富自己的语言积累，勤加练习，学生的表达能力和实际应用能力必将得到锻炼。

　　读下面的句子，体会它们在描写事物的方法上的相似之处。

　　它的果实埋在地里，不像桃子、石榴、苹果那样，把鲜红嫩绿的果实高高地挂在枝上，使人一见就生爱慕之心。

　　白鹭色素的配合，身段的大小，一切都很适宜。白鹤太大而嫌生硬，即使如粉红的朱鹭或灰色的苍鹭，也觉得大了一些，而且太不寻常了。

　　上述语句分别选自课文《落花生》与《白鹭》。在《落花生》中，将落花生默默无闻、甘于奉献的品质娓娓道来；而在《白鹭》中，将白鹭与朱鹭、苍鹭进行对比，描绘出白鹭适宜、寻常的美，充分彰显了作者对白鹭的欣赏与赞美。在实际教学过程中，学生可以朗读例句，引出对比的修辞手法。随后，引导学生深入挖掘事物本身的特点，进一步发现对比的妙处，并以此为基础，相机引导学生思考如何恰当地使用"对比"这种表达方法，对具体事物展开仿写。

　　每个语文园地的"词句段运用"练习都紧扣单元的主题和单元要素，所以教师在开展教学活动时，确定课程目标和教材重难点的同时，也要对"活学活用"加以关注，要通过生动的情境，激发学生仿写的积极性，从而进一步丰富学生的语言积累，使其可以更加积极主动地进行思考，灵活运用自己所学语言知识点，并将之运用于创作中。

　　在《落花生》这节课中，就将语句仿写与实际生活进行充分有效的结合。

　　花生好比我们在生活中遇到的无私奉献的人，在看到这些事物的时候，你会想到谁呢？请选择其中一个，并试着写段话。

　　竹子　梅花　蜜蜂　路灯

　　学生对于课文中所阐述的道理有所了解，引导学生思考课文中利用落花生阐述人生的道理，采用这种写作形式存在什么优势呢？让学生在交流感受的同时，通过利用具体事物来抒发情感，使作品更加生动形象且更具意义，同时也容易引发读者的共鸣。教师需清楚说明学生所描绘的人物特征与他在实际生活中所遇到人的品质的共同之处，从而抒发自己的情感。如此一来，学生的语言积累得到提升，在品悟方法的过程中学生的言语形象得到有效的改善。与此同时，激发学生的写作兴趣。

二、拓展情节、巧妙补白——扩写

"补白"本身就是一种艺术，利用"补白"可以有效提升课堂效果。适当的"补白"，有助于拓展学生的思维能力、锻炼他们的想象力，使其在接受知识的同时，品读文章的魅力。教师应将"补白"与课程内容进行充分的结合，激发学生的想象力和创造力，进而让读书变得更加有趣。

（一）创设情境补白

情境创设为学生搭建良好的学习情境，是种很有效的教学方式，对情境创设进行适当的补白，往往可以起到事半功倍的效果。例如，在四年级上册的《盘古开天地》课程中，教师为了让学生更清晰地感受盘古精神，鼓励学生大胆想象，"多么伟大的盘古，多么神奇的想象啊，让我们也像这样来想象。写一写盘古还会用什么身体部位创造美好的世界。"通过这样的情境搭设，学生展开想象，对其进行个性化补白，不仅可以加深学生对文本的理解，帮助学生加深记忆，而且呈现出的效果也非常好，处于情境中的孩子们张开想象的双翼，说道："他的汗水化作春日的细雨，润物细无声；化作夏日的甘露，禾苗痛快地喝饱了水；化作秋雨，随风潜入夜。"

（二）利用标点符号补白

在文学作品中，看似平凡的标点符号，却可以帮助文章提升表达效果，延伸文本的含义。教师要抓住标点符号所对应的含义，设计与之相对应的补白，理解文本需要表达的内容，并将其清晰地传递给学生们。举例来说，在学习《威尼斯的小艇》这一课程中，教师将第五段末尾的句号变成了省略号，让学生们展开想象，大胆猜想，描绘出威尼斯白天的景象。虽然教师做出的改动不大，但是这一改动仿佛给文章注入了活力，让学生进一步感受到了威尼斯热闹的景象，同时也加深了学生的记忆。

（三）创编故事补白

很多优秀作家在创作的过程中，都会利用留白来推动读者展开想象，让读者与故事情节可以进行充分的融合。在五年级上册《牛郎织女》一课中，教师教方法，让学生进行适当的补白，对具体事例进行补充，丰富了课文细节。如，牛郎会和老牛说什么……积极引导学生对故事情节展开想象，利用一切留白锻炼学生的想象力。大家在激烈的讨论中，学生们深刻感受到了牛郎和牛之间相依为命、亲密无间的感情，同时学生们在续编故事的过程中再次体验到了民间故事的神奇和趣味。

三、立足原文、删繁就简——缩写

缩写实际上是在保障中心思想和主体内容不变的情况下，根据要求将篇幅较长的文章提炼成较为精短的文章，这也是写作训练的一种形式。五年级上册第三单元是民间故事单元，精选了两个著名的民间故事，分别为《猎人海力布》和《牛郎织女》。本单元的习作要素是"提取主要信息，精简缩写故事"，其根本目的是帮助学生将较长的故事文本进行适当的缩减，明确缩减方法，进一步提升学生对文章的理解能力和概括能力。所以在教学本单元时将缩写小练笔前置渗透，首先，练习缩写句子，相机总结方法：抓主干，删枝叶。其次，熟知缩写的内在意义，引入小练笔话题。最后，明确要求，学习缩写方法。为避免给学生过大的习作心理压力，带领学生对《猎人海力布》的1—4自然段进行缩写，回顾故事内容，抓住重点情节，为后续的习作打下基础。

四、创设情境、展开想象——创编

创编故事的过程中，要以贴近生活、情节生动逼真且言语口语化等特征为主。对于小学生而言，这种方法是有效锻炼学生写作能力的途径。好的小练笔活动不仅丰富了课本内容，扩充了学生的语言库，加深了学生对文章的理解与认知，同时也是将读写教育进行充分结合的桥梁。

在教授四年级下册第八单元"中外经典童话"单元时，选择恰当的时机创设故事情境，抓住故事特点大胆想象，根据要求编写童话故事。在整个过程中，教师需注意创设情境，激发学生的兴趣，先做到人人动口，在互动过程中既要有师生互动，也要有生生互动，激励学生参与讨论、争取发言，在热烈的氛围中拓宽思路，展开想象。

综上所述，小练笔篇幅短小、要求简单、形式灵活、容易操作。因此，在设计小练笔的过程中，我们要投入大量的精力和时间，并对其进行评估，从而让我们的语文课堂变得更加生动丰富！

参考文献

［1］丁强. 统编教材六年级小练笔的编排特点与教学建议［J］. 小学语文教师，2020（7）：37–40.

［2］耿文静. 论小学语文学科中故事创编教学原则与策略［J］. 新课程研究，2023（27）：117–119.

"双减"背景下小学高段语文作业优化设计探究

——以五年级上册语文作业设计为例

武汉市光谷第十一小学　冯天琪

在"双减"政策的背景下，小学高段语文作业的优化设计显得尤为重要。作业作为巩固课堂知识、提升学生能力的重要手段，其有效性直接影响学生的学习效果。传统作业形式往往过于单一、机械，缺乏创新性和趣味性，容易让学生感到厌倦。"双减"政策的核心目的是减轻学生的学习压力，促进学生全面发展。因此，如何根据"双减"政策的要求，优化小学高段语文作业设计，提高作业的有效性，是每位语文教师需要深入思考的问题。

一、小学高段语文作业设计中存在的问题

通过调查和实践，在小学高段语文作业设计中发现以下问题。一是作业缺乏针对性。教师布置的作业往往没有考虑到学生的实际情况，包括思维方式和兴趣等因素，导致作业的有效性和可行性不高。作业内容与生活实际脱节，很多作业内容过于抽象，缺乏与实际生活的联系，导致学生难以理解和完成。二是作业内容重复。教师布置的作业中存在大量重复的题目，导致学生需要花费大量时间来完成类似的题目，学习效率明显降低。作业形式单一，过多依赖书面作业，缺乏多样性，导致学生对作业失去兴

趣。三是忽视学生主体地位。教师没有充分考虑高段小学生的思想发展状况，过多干预学生的学习，导致学生无法发挥自己的主观能动性。四是作业布置缺乏战略性，教师布置的作业往往没有明确的战略目标，急于求成或进度缓慢，难以取得良好的作业效果，未能充分发挥作业的积极作用。五是作业难度参差不齐。未充分考虑学生的个体差异，作业难度缺乏层次性，影响学生的学习积极性。

二、小学高段语文作业的设计原则

基于现今小学高段语文作业设计中存在的问题，小学高段语文作业设计不仅要关注学生对知识的掌握程度，更要充分考虑小学生的身心发展特点，满足他们的个性化教育需求。为了确保作业设计与小学生的发展相契合，笔者提出以下六点具体的作业设计原则。

（一）作业设计要增加趣味性

趣味性原则在作业设计中是指利用生动、有趣、吸引学生的方式，激发学生的学习兴趣和动力，让学生乐于完成作业。教师可以尝试将作业设计得更具创意，如设计一些寓教于乐的游戏、谜语、手工制作等；可以通过创设生动、有趣的情境，将作业与情境相结合，让学生在情境中完成作业，增加作业的趣味性；还可以将作业设计成有趣的游戏形式，让学生在游戏中完成作业；还可以使用生动、有趣的语言和图文，将作业制作得更加有趣，吸引学生的注意力。遵循趣味性原则，可以激发学生的学习兴趣和动力，提高学习效果。[1]同时，这也符合"双减"政策的宗旨，减轻学生的学业负担，教师还需要关注作业的实际效果并及时调整策略。建议学校和家长给予支持与合作，共同推进趣味性作业的实施，为学生的全面发展创造良好的环境。

（二）作业设计要具有针对性

针对性原则在作业设计中是指根据学生的实际情况和个体差异，设计不同层次、不同要求的作业，以满足不同学生的需求，提高作业的有效性和可行性。针对性原则在作业设计中的应用主要体现在以下几个方面：针对学生的实际情况，教师需要了解学生的学习水平、能力层次、兴趣爱好等实际情况，根据学生的具体情况设计不同难度的作业，以满足不同学生的需求；针对学生的个体差异，每个学生都有自己的特点和优势，教师需要关注学生的个体差异，为每个学生设计符合他们特点的作业，以充分发挥他们的优势和潜力；针对学生的问题，教师可以通过分析学生的作业和表现，找出学生在学习中存在的问题和困难，然后设计有针对性的作业，帮助学生解决这些问题。

遵循针对性原则，可以帮助教师更好地了解学生的实际情况和需求，设计更加符合学生需求的作业，提高学生的学习效果。同时，针对性原则还可以帮助学生更好地了解自己的优势和不足之处，促进学生的全面发展。

（三）作业设计要注重探究性

探究性原则在作业设计中是指鼓励学生在完成作业的过程中主动探索、发现问题、解决问题，以培养学生的探究精神和创新能力。传统的作业往往注重知识的重复和记忆，而现代社会需要的是具有创新思维和自主学习能力的人才，探究性作业则鼓励学生主动探索、发现新知识，培养他们的创新思维和实践能力，使学习成为一种主动的、发现的过程。同时，探究性作业也可以帮助学生培养独立思考和解决问题的能力，为未来的学习和工作做好准备。教师可以设计一些以问题为导向的作业，让学生通过解决问题来探究知识；可以提出一些开放性的问题或引导学生自己发现问题，然后让他们通过独立思考或团队合作来解决问题；还可以设计一些项目式学习的作业，让学生在一个真实的、复杂的项目中探究知识，这样的作业可以帮助学生将所学知识与实际生活联系起来，提高知识的应用能力。鼓励学生发挥自己的想象力和创造力，提出新颖的想法和解决方案；

教师可以为学生提供一些创新的素材或工具，如科技器材、实验器材等，帮助他们实现自己的创意。遵循探究性原则，可以帮助学生培养探究精神和创新能力，提高学习效果，激发学生的好奇心和求知欲，培养他们的自主学习能力和创新思维。

（四）作业设计要体现层次性

每个学生都是独特的个体，他们的学习能力和兴趣爱好都有所不同。只有层次性的作业才能真正做到因材施教，让每个学生都得到适当的发展。层次性作业能够满足不同学生的学习需求，确保每个学生都能在作业中得到提升，避免因作业难度不合适而导致的厌学或学习效果不佳的情况。[2]针对不同年段的学生，设计符合他们发展阶段的作业。例如，低年级的作业可以更注重基础知识的练习和动手能力的训练；中年级则可以加入一些阅读和写作的练习；高年级则可以设计更具挑战性的探究性、拓展性作业，如项目式学习、主题研究等。即使在同一年段中，学生的能力也是有差异的。教师可以根据学生的学习水平、兴趣爱好、个性特点等将学生划分为不同的层次。例如，可以分为基础层、提高层和拓展层，并为每个层次的学生设计适合他们的作业。这样既能保证所有学生都能得到适当的练习，又能让学有余力的学生得到更多的挑战和发展。通过层次性作业的设计原则，教师可以更好地满足学生的学习需求，提高作业的有效性。

（五）作业设计要追求多样性

多样性原则在作业设计中是指根据学生的不同需求和个性特点，设计多种形式的作业，以激发学生的学习热情，保护学生的自尊心，尊重学生的个性差异，促进学生核心素养的发展。多样性原则在作业设计中的应用主要体现在以下几个方面：作业形式的多样性，教师可以通过设计多种形式的作业，如填空题、选择题、判断题、阅读理解、写作等，让学生在不同的形式中找到适合自己的最佳方式，提高学习效果；作业内容的多样性，教师可以在设计作业时，注重内容的多样性，涵盖不同的知识点和技能，以帮助学生全面发展和提高；评价方式的多样性，教师可以通过多种方式评价学生的作业，如考试成绩、平时表现、作品评定等，以更全面地了解学生的学习情况和表现。遵循多样性原则，可以更好地满足不同学生的需求和个性化需求，激发学生的学习热情和积极性，提高学习效果。

（六）作业设计要保证系统性

系统性原则在作业设计中主要体现在整体性和规划性两个方面。首先，作业设计应从整体的角度考虑，将各个知识点和技能有机地串联起来，形成一个完整的知识体系。这样可以帮助学生更好地理解和掌握知识，提高学习效果；其次，系统性原则还要求教师在设计作业时要有规划性。教师需要提前规划好作业的内容、难度、数量以及完成时间等，确保作业的合理性和有效性。同时，教师还需要根据学生的实际情况和教学进度来调整作业，以确保作业与教学目标的紧密关联。通过遵循系统性原则，教师可以更好地发挥作业的作用，提高学生的学习效果和综合素质。同时，系统性原则也能够帮助教师更好地规划教学内容和教学方法，提高教学效果。

三、小学高段语文作业设计优化策略

（一）趣味性作业，点燃学习热情

趣味性作业往往更贴近学生的生活经验和兴趣爱好，是点燃学生学习热情的重要手段。趣味性作业不仅可以让学生在轻松愉快的氛围中学习，还能够激发他们的学习兴趣和动力，使学生更加主动地投入到学习中。以《小岛》为例，可以设计以下趣味性作业：①制作小岛模型。让学生利用废旧材料制作一个小岛模型，模拟小岛的地理环境和布局。通过实际操作，让学生更加深入地理解课文中的描述；②探索小岛的奥秘。让学生搜集关于小岛的资料，了解小岛的特点和生态，探究小岛上的动植物、气候等方面的奥秘。通过拓展学习，培养学生的探究精神和科学素养；③创作小岛故事。让学生发挥想象力，创作一个小岛上的故事，可以是探险故事、科幻故事或者童话故事等。通过创作故事，培养学生的想象力和语言表达能力。

这些趣味性作业不仅能激发学生的学习热情和兴趣，还能培养学生的动手能力、探究精神和创造力，趣味性作业的设计要注意避免过于烦琐或简单，要符合学生的年龄特点和实际需求。

（二）层次性作业，满足不同需求

在"双减"背景下，层次性作业是满足不同学生需求、实现个性化学习的重要手段。层次性作业设计能够适应不同学生的学习水平和发展需求，让学生在自身能力范围内得到最大的发展。以《白鹭》为例，可以设计以下层次性作业：①基础型作业。熟读《白鹭》课文，理解课文内容。完成课后生字、词语的抄写和默写。回答课后问题，理解白鹭的特点和作者对它的情感；②拓展型作业。搜集关于白鹭的资料，了解白鹭的生活习性和特点。仿照课文，写一篇关于你喜欢的动物的短文。制作一个关于白鹭的手抄报，包括白鹭的图片和相关知识；③创新型作业。结合课文内容和搜集的资料，创作一个小剧本或故事新编，以白鹭为主角。设计一个关于保护野生动物的公益广告，呼吁人们关注和保护动物。调查当地鸟类资源，撰写一份关于当地鸟类的调查报告。

层次性作业可以让学生在自身能力范围内逐步挑战自己，增强学习动力和自信心，提高自己的能力水平，从而提高学习效果。层次性作业设计不同的难度和要求，适应了不同学生的学习需求和能力水平，能确保每个学生都能在作业中获得成就感和发展。

（三）自选型作业，尊重个体差异

在"双减"背景下，尊重学生的个体差异是极其重要的教育原则。自选型作业是满足这一要求的有效手段，它能够让学生在作业选择上具备更多的自主权，从而提高作业的完成质量和学习效果。以《将相和》为例，可以设计以下自选型作业：①阅读拓展。提供与《将相和》相关的阅读材料，让学生根据自己的兴趣选择阅读。这有助于学生深入理解课文背景，拓宽知识面；②角色扮演。学生可以选择扮演课文中的某个角色，进行角色扮演活动。通过表演，学生可以更深入地理解人物性格和故事情节；③创作小练笔。根据《将相和》的故事情节，学生可以选择写一篇读后感、小评论或与课文相关的其他形式的小练笔。这有助于培养学生的写作能力和思考能力；④探究性学习。学生可以选择与课文相关的某个问题进行探究，如"战国时期的历史背景""蔺相如和廉颇的生平事迹"等。通过查找资料、整理信息，培养学生的探究精神和问题解决能力；⑤制作学习卡片。学生可以选择制作学习卡片，记录自己在阅读和学习过程中的感悟、笔记等。这有助于学生整理学习成果，加深对课文的理解。

这些自选型作业设计给予学生充分的选择权，让他们根据自己的兴趣和能力选择适合自己的作业。通过自选型作业激发学生的内在学习动机，学生能够更加主动地参与学习，提高学习效果。同时，学生根据自己的兴趣和能力选择适合自己的作业，这也尊重了学生的个体差异，适应了不同学生的发展需求。自选型作业，学生需要对自己的学习负责，这样学生也学会了合理安排时间，增强了责任感和自我管理能力。[3]

（四）实践性作业，培养操作能力

实践性作业要求学生亲自动手操作，完成作业任务，是培养学生操作能力和综合素质的重要手段。以《慈母情深》为例，可以设计以下实践性作业：①观察日记。让学生观察自己的母亲一天中的工作和家务活动，记录母亲的言行举止，写下自己的感受和体会。通过观察和记录，学生能够更深刻地理解母爱的伟大和母亲的辛勤付出；②制作感恩卡。让学生制作一张感恩卡，表达对母亲的感激之情。学生可以在卡片上写下对母亲的祝福和感谢的话语，同时也可以画上一些温馨的图案。通过制作感恩卡，培养学生的感恩之心和创造力；③拍摄小视频。让学生拍摄一段小视频，记录下母亲一天中的生活点滴。学生可以选择从不同的角度来拍摄，可以是母亲做饭的情景、母亲照顾家庭的样子等。通过拍摄小视频，学生能够更加深入地了解母亲的生活和付出；④情境表演。让学生分组进行情境表演，模拟课文中描述的场景。学生可以扮演不同的角色，模拟母子之间的对话和互动，通过表演来再现课文中的情境。通过情境表演，学生能够更好地理解课文内容，同时提高自己的表演技巧和合作能力。

这些实践性作业设计能够让学生在亲身实践中感受和理解课文内容，提高他们的动手能力和解决问题的能力。同时，作业形式多样、富有创意，能够激发学生的学习兴趣和探究精神。

（五）合作性作业，提高团队协作

合作性作业要求学生与同伴合作完成任务，在"双减"政策的推动下，合作性作业已成为提升学生团队协作和沟通能力的重要方式。以《圆明园的毁灭》为例，可以设计以下合作性作业：①分组研究。将学生分成若干小组，每个小组选择一个圆明园的宫殿或景点进行研究。小组成员需要分工合作，搜集资料、整理信息，最后共同完成一份研究报告。通过分组研究，学生可以学会合作完成任务，同时提高自己的研究能力；②制作手抄报。让学生与同伴合作制作一份手抄报，内容与圆明园的毁灭相关。学生可以分工合作，有人负责设计版面、有人负责绘画、有人负责写字等。通过手抄报的制作，学生可以培养自己的动手能力和创造力，同时增进团队间的默契；③情境表演。让学生与同伴一起表演一个关于圆明园毁灭的小剧目。学生可以根据课文内容，编写剧本并进行排练。通过情境表演，学生可以更加深入地理解课文内容，同时提高自己的表演技巧和团队协作能力；④制作圆明园时间图。让学生与同伴一起制作一份圆明园时间图。学生可以搜集资料、整理信息，设计一份清晰的时间图。通过时间图，学生可以更加全面地了解圆明园毁灭的历史和文化背景，同时提高自己的策划和组织能力。爱国之情作为核心的情感素养，应在作业中得到充分的体现和提升，通过本次作业也能培养孩子的爱国之情。

这些合作性作业设计能够让学生在与同伴的合作中完成任务，提高自己的团队协作能力和沟通能力。在团队中，每位学生都有自己的任务和责任，这有助于增强学生的责任感和担当精神。通过合作完成任务，学生可以互相学习、互相帮助，共同成长和进步。

（六）探究性作业，鼓励科学探索

探究性作业是一种引导学生主动探究、发现问题和解决问题的作业形式，通常具有开放性和挑战性，能够激发学生的好奇心和探究欲望，培养学生的创新思维和解决问题的能力。在"双减"背景下，探究性作业成为激发学生创新思维和培养自主学习能力的重要手段。以《太阳》为例，可以设计以下探究性作业：①太阳研究报告。让学生自主选择一个关于太阳的主题进行研究，如太阳的构造、太阳对地球的影响等。学生需要搜集资料、整理信息，撰写一份研究报告，并口头汇报自己的研究成果。通过太阳研究报告的撰写，学生可以更加全面地了解太阳的相关知识，同时提高自己的研究能力和表达能力；②太阳与人类生活的关系。让学生探究太阳与人类生活的关系，思考太阳对地球气候、植物生长等方面的影响。学生可以通过实地考察、调查问卷等方式，了解太阳与人类生活的密切联系，并写一篇关于太阳与人类关系的短文。通过探究太阳与人类生活的关系，学生可以更加深入地理解课文内容，同时提高自己的实践能力和观察力；③制作太阳科普海报。让学生制作一份关于太阳的科普海报，内容可以包括太阳的构造、太阳黑子、太阳风等知识点。学生可以选择自己喜欢的媒介进行创作，如手绘、电子海报等。通过制作太阳科普海报，学生可以更加全面地了解太阳的相关知识,同时提高自己的创造力和设计能力;④太阳之谜。让学生搜集关于太阳未解之谜的资料,整理后进行分享。例如,太阳内部的结构、太阳黑子的形成原因等。学生可以通过图书馆、网络等途径搜集资料,整理后以小组为单位进行分享交流。通过探究太阳之谜,学生可以激发对未知世界的探索欲望,培养自己的自主学习和合作学习能力。

探究性作业需要学生像科学家一样,通过实验、观察、推理等方式探究问题并得出结论。学生要学会自主探究、搜集资料、整理信息,这有助于培养学生的自主学习能力和信息素养,还有助于培养学生的科学探究能力和实证精神。这些探究性作业设计能够激发学生的好奇心和探究欲望,引导他们主动探究问题、解决问题。同时,这些作业形式多样、富有挑战性,能够培养学生的创新思维和自主学习能力。

四、结语

在"双减"政策的背景下,优化小学高段语文作业设计成为了一个重要的问题。本文通过对传统作业形式存在问题的分析,提出了在"双减"背景下优化作业设计的原则和方法。趣味性、层次性、自选型、实践性、合作性和探究型等作业的设计,不仅可以提高作业的有效性和趣味性,还可以激发学生的学习兴趣和积极性,培养学生的自主学习能力和思维能力。优化作业设计,加强师生之间、生生之间的互动与合作,可以为学生未来的发展奠定坚实的基础。期待这些策略能为广大教师提供有益的启示,进一步推动"双减"背景下小学高段语文作业的创新与发展。在未来的教育实践中,期待能够实现更多具有创新性和实效性的作业设计,让"双减"政策真正落地生根,使教育重新回到其核心目标——培养有理想、有本领、有担当的时代新人。

参考文献

[1] 王晓. "双减"背景下小学高段语文作业设计路径[J]. 天津教育, 2023（23）: 114–116.

[2] 兰甜, 吴支奎. "双减"背景下小学高段语文分层作业设计策略探析[J]. 科教文汇, 2023（21）: 159–162.

[3] 赵彬. "双减"背景下的小学高段语文作业创新设计[J]. 辽宁教育, 2023（21）: 39–42.

基于四有课堂理念的语文要素落实策略

武汉市光谷第十一小学　杨莉

我校开展"四有课堂项目"建设，二年级语文组以语文教学"四有课堂"，即有"教师指导"、有"学生学习"、有"学科味道"、有"合作文化"为依据，积极开展教学实践。

语文课程内容繁多，如何确保学生在每节课上都能有所收获呢？考虑到课时有限，学生要有所得、有所悟，必须选准一到两个点，最重要的就是核心语文要素的落实。怎么落实？本文以《玲玲的画》为例，探讨在四有课堂评价标准下语文要素的落实策略。

一、教师指导的关键是"有备而来"

"教什么比怎么教更重要"。教师的指导必须事先有所准备。教师为了有的放矢地进行指导，应从以下三个方面着力：全面理解和把握教材、准确定位目标、合理设计教学活动。

（一）全面理解和把握教材

二年级语文要素体现在教参的单元解读中，还有的渗透在教材后的习题中。教师一定要深入研读教材，阅读《教师教学用书》，把握编者的意图，并形成自己的阅读体验。

二年级上册第三单元围绕"儿童生活"主题编排了《曹冲称象》《玲玲的画》《一封信》《妈妈睡了》4篇课文，展现了孩子们丰富多彩的生活场景、真实的内心世界，以及日常生活中不同的情感体验。本单元的核心要素为"思维方式，学会动脑筋解决生活中的问题"。常规要素包括：学习朗读课文；阅读课文后能说出自己的感受或想法；借助词句，尝试讲述课文内容。抓住关键词句理解课文是阅读学习的重要方法，也是复述课文的重要基础。

（二）精准定位教学目标

《玲玲的画》是第三单元第二篇课例，在研读教材的时候发现：玲玲的情感变化"得意（画好作品）—伤心（弄脏作品）—满意（画得更漂亮）"为本文的主要线索，难点是如何联系生活理解爸爸的话。

精准定位教学目标：

（1）朗读课文，读出玲玲的心情变化；

（2）读爸爸说的话，再联系生活说说你的体会；

（3）试着用"得意""伤心""满意"这3个词语，讲讲这个故事。

（三）合理设计教学活动

教师的教总是与学生的学是同时发生的，那么如何进行教学呢？巧妙安排教学环节，将教堂变学堂，并理顺教学流程。具体做法包括：①感情朗读有梯度；②联系实际谈体会；③试讲故事有抓手。这三部曲在有学生学习、有语文味道、有合作文化的课堂中都有体现，不再赘述。

二、学生的学习关键是有梯度、有支架、真学习

语文课堂的学习既有琅琅书声，又有静默思考，还有对话讨论。以"朗读课文"这一目标的达成来看学生的习得过程。学生学会感情朗读需要在一次次指导实践下完成。朗读是语文课的精髓，以读促悟层层推进教

学过程，琅琅书声贯穿整个课程。

（一）"初读"——走进文本

通读全文，复习词语。第一遍读准字音。第二遍加入情感和语调来朗读词语。通过朗读来理解词语的含义。

（二）圈点勾画读——理解文本

请同学们自由朗读课文，在文章中找出描写玲玲心情变化的句子并用"——"划出，然后说说玲玲心情发生了怎样的变化？在小组内展开交流。

（三）带着感情读——表现文本

指导朗读重点句子，形式多样。

（1）联系生活：你画了一幅自己很得意的作品你会如何欣赏它？

（2）指导朗读：抓住"得意""端详"等词语，语调上扬，语速轻快，读出玲玲"得意"的心情。

（3）课件出示：就在这时，水彩笔啪的一声掉在纸上，把画弄脏了。玲玲伤心地哭了起来。

（4）此时玲玲的心情发生了变化——伤心。小组讨论：玲玲为什么伤心地哭了呢？学生交流玲玲伤心的原因，理解玲玲为什么着急、难过。

（5）分角色指导读：体会玲玲的伤心和爸爸的智慧、慈爱。

师：在这样紧急的关头，玲玲碰上了这样的麻烦事，她此刻的心情是怎样的？（师生配合读：老师当爸爸，学生当玲玲）玲玲向爸爸哭诉道："我的画弄脏了，再画一幅也来不及了。"

听了孩子的话，爸爸是如何做的呢？课件出示对话："别哭，孩子。在这儿画点什么，不是很好吗？"父亲没有责备孩子，而是安慰她，你觉得这是一个怎样的爸爸？

师：谁想来当这位和蔼可亲的爸爸，安慰一下焦急的玲玲？（指名读）

（四）联系生活实际理解读——升华文本

师：在爸爸的引导下，玲玲在弄脏的地方画了一只小花狗，心情又变得满意。爸爸借此告诉玲玲一个道理。（课件出示最后一段）这是爸爸告诉玲玲的道理，请你告诉正在苦恼的同学们，齐读："只要肯动脑筋，坏事有时也能变成好事"。把这句话送给正在发愁的爸爸："只要肯动脑筋，坏事有时也能变成好事。"把这个道理轻轻地告诉自己："只要肯动脑筋，坏事有时也能变成好事。""看，学语文多有用啊，同学们能够运用到生活中，遇到困难冷静思考，你一定能想出意想不到的解决办法！"

引导学生在多种形式的朗读中体会玲玲情感的变化，指名读，师生点评再读，老师范读、学生齐读。尤其是创设情境读爸爸说的那句话"只要肯动脑筋，坏事有时也能变成好事"，一咏三叹的朗读，把课堂推向了高潮，这句话成为学生终生难忘的名言。

三、合作文化重在攻克难关

需要学生合作的地方一定是学生遇到了难点，合作才显得必要，否则合作只是形式。特别是设计有思辨性的问题：比较前后两幅画，哪一幅好？好在哪里？直指本课核心要素"学会动脑筋解决生活中的问题"。

师：在爸爸的引导下，玲玲想出了什么办法？（在弄脏的地方画一只小花狗）

此时玲玲的心情又变得：满意（课件出示：第八自然段）

（1）玲玲想到的办法是什么？她的心情如何？（同桌合作交流：在弄脏的地方画一只小花狗；此时玲玲的心情又变得：满意）

（2）对比玲玲前后两幅画，你觉得哪一幅好？好在哪里？（小组合作讨论，全班交流）引导学生开展辩论：后一幅画更有家的温馨和生机。

（3）拓展：玲玲为什么会想到画小花狗呢？除了画小花狗，你还可以画什么？（集体交流）

（4）师总结：同学们真是会动脑筋，还有这么多好主意。

此处的合作讨论，知道玲玲在弄脏的画上画了一只小狗，让画更加有生机。为下一环节读懂爸爸说的话，懂得"生活中只要肯动脑筋，坏事有时也能变成好事的道理"做了很好的铺垫。

四、学科味道，重在"语文味"

语文教材是现成的言语作品，要求学生读熟它、读懂它、模仿它、创造它。体现在这节课上就是要引导学生自读自悟，品味语言，积累字词，用学到的思维方式指导自己的生活，感受语文的趣味和实用性。

（一）以读为本，各种形式的读贯穿始终

以读为本，主要体现在：第一遍，老师和学生合作通读全文，疏通难读的字词和长句。第二遍，圈点勾画人物对话，扣重点词，体会人物心情，并分角色朗读。第三遍，带着理解朗读重点句子，让书上的语言内化为自己的语言，书声琅琅传出浓浓的语文味。

（二）语文课离不开听说读写

低段语文除了指导学生学会有感情地朗读，每节课还要留出时间指导写字。老师巧妙地将本课要写的字藏在信里用空格出示，激励孩子想办法记住这个字的字形，同时扎实地指导字的结构、比例、关键笔画，并示范写，让学生点评。

（三）感受语文的趣味与实用性

理解故事的道理，找出爸爸说的话，体会"坏事"和"好事"。教师不是生硬的说教，而是创设生活中的情境："我的裙子划破了这是坏事，

可是我缝补了一只花蝴蝶，裙子比以前更好看了。"学生在老师的启发下也会用这种思维，学会观察思考生活中遇到的坏事，在当时看来是坏事，可是换个角度想办法，坏事转变，不再让人糟心。文本中的道理，在老师创设的生活场景中，学生们一次次迸出思维的火花，学以致用，这就是语文的魅力！

可以说整节语文课，该读书时让它激昂，该思考时让它静默，该书写时让它一笔一画。基于四有课堂的理念来看语文要素的落实，听说读写诸要素的落实可观可测，老师们对教学行为有了更深刻的认识，也有了明确的改进方向。

多元化美术作业评价在课堂中的作用探究

武汉市光谷第十一小学　胡兰田

一、小学美术课堂多元化美术作业评价的应用现状

首先，作业评价环节忽视过程性。在美术教学中，教师普遍更加重视对学生作品进行评价，而很少关注学生在学习过程中的参与表现，包括对学生的观察力、想象力以及参与度的表现。教师习惯用统一且主观化的眼光去评定作业的结果，评判标准一般都是作业中构图是否合适，涂色是否均匀，比例是否恰当等，往往忽视了学生表现出的想象力、独特性和再造力[1]。

其次，作业评价方法单一。目前，教师在美术作业评价的方法上，主要是以等级或分数评价的方式为主，学生作业成绩记录中最常见的表现形式是优、良、合格、不合格或A、B、C、D呈现，缺少其他形式的评价语言。作业评价应具有激励和导向作用，这样单一化的等级评价方式缺乏新意，且对于一些美术基础较弱的学生而言，难以激发他们学习美术的自信心和兴趣，从而导致学习美术的热情减退，丧失学习美术的动力。

最后，标准划一，缺少层次。在对学生进行美术教育时，教师倾向于将一些较为高的标准的标尺套用在小学生身上，颜色的变化、比例的大小

等都将学生的创作思维给局限在了一个狭窄的框中。不同类型的作业都以一种评价方式为主，优秀的作业也是只有一种类型，它们大多是画得标准的、做得标准的。[2]教师在评价作品的时候，忽略了学生的个性发展。

二、小学美术课堂多元化美术作业评价的应用策略

（一）尊重学生个性差异，注重过程评价

第一，尊重学生差异，注重过程评价。美术作业反映了不同学生的创作个性，不能以绝对统一的标准来量化评价。在评价时，全力挖掘学生作业的闪光点，整体画得好的固然要表扬，如果只某一部分画得好，也要表扬。同时，关注学生在创作过程中是否积极思考，主动参与教学活动，是否大胆表达自己的创作意图和感受。如：在《在快乐的节日里》一课的作业评价中，学生小航在刻画人物时觉得十分困难，不知道该如何画，在此间，笔者鼓励其大胆尝试，运用骨式图形概括表现人物造型，肯定他刻画人物用线流畅，抓住了人物的动态特征。受到鼓舞小航不再畏手畏脚，变得愿意动笔了。在教学中，我们要尊重不同学生的差异，让他们都能体验到成功的乐趣，并对美术产生兴趣。

第二，弱化技法评价，注重创意评价。我们培养的毕竟不是专业院校的学生，不能仅凭技法的优劣来评价美术作业。当教师遇到看不懂或看起来"较乱"的作业时，应该在辅导时努力去了解学生的创作意图，在肯定他们大胆创作的基础上，再提出中肯的意见，要有意识地去发现和发展学生的多方面潜能。如：在表现《生活日用品的联想》时，因笔者肯定了肖肖的作品联想有趣、新颖，肖肖在讲台前分享时也显得特别自信。他信心满满地介绍自己的作品："长长的牙膏是地铁车厢，我命名为奶茶二号线；地铁前面加了剪刀造型的车头，可以开凿地铁路线；马路上来往的是铅笔造型的小车；后面的建筑是由牛奶盒联想的牛奶大厦，上面喷射的是火箭，旁边是靴子造型的工厂。"笔者点评时强调，虽然肖肖画面上都是

用几何图形组成的车、房子，圆形加大字画出的人物，刻画简单，让人看起来觉得十分稚拙，但肖肖能抓住物体外形进行联想，创造出有趣的新形象。同时，这一番评价也在孩子们的心中埋下了创意的种子。

　　第三，关注学生学情，当面批改作业。教师与学生一对一地进行作业评改，将客观、公正、激励性评价相结合，了解学生的想法和个性特点，同时注重学生个人潜力的发掘与培养。在交流中，可从多个角度对学生作品进行点评，如：创意与想象力，评价学生在作业中是否表现出独特的创意和想象力，是否能够展现出自己独特的观察和思考方式；技巧与表现力，评价学生的绘画技巧和表现力是否提升，是否能够通过作品有效地表达出自己的情感和意图；细节和观察力，评价学生是否能够注重作品的细节，如线条的疏密、粗细变化，色彩的深浅、冷暖对比，以及对物象的细致观察和描绘；情感与意识表达，评价学生的作品是否能够清晰地传递出所要表达的信息和主题；态度与自律性，评价学生是否能够按时完成作业，并且在作业中展现出对美术学习的积极和认真态度。当面肯定孩子的进步，提出更进一步的要求，既尊重每个学生的个人差异，也能了解学生学习的进程。因此，在美术作业评价过程中需要注重发现和肯定学生的优势和突出表现，并提供有针对性的指导和建议，帮助他们在艺术学习中不断成长和进步，激发学生浓厚的学习兴趣。

　　第四，关注个性发展，注重因材施教。以使每个学生都能在自身原有的基础上最大限度地发挥潜能，从而使每个人都得到发展。学生在作业中表现出来的千差万别，教师应科学地看待，针对不同层次的学生设计不同难度的作业，分层教授。如：《刻印的乐趣》一课，可以根据学情分层设定作业，针对基础较薄弱的学生引导其运用阴刻或者阳刻的方法刻出简单的图案；针对有一定基础的学生可以引导其综合运用阴刻和阳刻的方法刻出较复杂的图案；学有余力的学生还可以在此基础上，运用制作出来的印花装饰美化生活。作业的分层让学生能更好地参与美术教学，能尝试在自己的"最近发展区"去跳一跳摘到"桃子"，明确目标，也能充分调动学生的主观能动性。

（二）学生参与评价，进行互评或自评

让学生参与评价，以自评和互评的方式对作业进行评价。过去，作业评价多数是教师"一言之堂"，忽略了作为课堂作业主体存在的学生，而学生是直接的参与者，对自己和他人的作业是最有发言权的。因此，每次课堂作业评价需要留给学生充足的时间，可以让学生对自己的作业进行自评，介绍创作思路以及自己认为比较满意的地方和不太满意的部分，还可以请其他同学来评价，提出亮点和改进建议。针对不同的课程类型，笔者依据课程目标设计了各种单项评价内容，作为学生评价标准。

例如，像《人物与环境》《我们的社区》等这样的"造型·表现"课，可设为：画面丰富有创意、线条表现流畅生动、色彩赋色和谐统一等；像《笔的世界》《多姿多彩的靠垫》等这样的"设计·应用"课，可设为：设计实用美观、创意新颖别致、色彩搭配合理等；像《多彩的民间美术》这样的"欣赏·评述"课，可设为：了解文化历史、懂得赏析作品、进行简单评述等；像《各种各样的鞋》《有趣的字母牌》这样的"综合·探索"课，可设为：综合运用材料、合作探究问题、共同协作创作等。对于集体完成的作业还增加了合作奖、集体贡献奖、积极投入奖等，让学生乐于参与评价。如此既能够帮助学生提高审美能力、视觉感受能力和语言表达能力，也能开拓学生思路、培养学生的创新能力。

（三）鼓励家长评价，增强学生美术创作信心

新课程改革后，小学美术实践活动的增加，为学生体验探究提供了更多平台和机会，也有效提升了学生的艺术实践活动参与性。实践活动中有些关于参观、访问、记录的作业，充分调动了学生和家长的参与度，通过家长的参与，让家长对体验活动进行评价，并将评价意见反馈给美术教师。这样一来，不仅使家长能够全面了解孩子的学习情况，还能够零距离了解孩子的学习能力水平。有了家长的参与，极大地提高了学生学习的积极性，让一些完成作业时喜欢拖拉、态度消极的学生，在家长的督促下改

变了一些不良的学习习惯和态度，作业完成的质量也有了很大的提升。此外，部分家长还根据学生作业中出现的问题，提出了一些合理的建议。

例如，开展"档案袋"美术作业评价模式。在档案袋的建立过程中，学生可以挑选部分自认为最满意的作品在教学楼走廊进行展览。每个月，在班上举办小型美术作品展，让家长观展，并对学生的美术作品进行评价。同时，让学生回顾自身的进步历程，增强信心，继续努力。这也有助于老师更深刻地了解学生的反应点及在技能、技巧方面可能存在的问题，以便在今后的工作中有针对性地进行讲解和辅导。学期结束时，还可将小组合作的大作品拿到校外的画廊进行展览。

小学美术教师在进行美术教学的过程中，应积极引入小学美术课堂多元化的美术作业评价体系，尊重学生的个性差异，实现教学评价主体的多元化发展，从而提高学生对小学美术的学习兴趣，培养学生的审美能力，提高学生的综合素质。

参考文献

[1] 单保健. 多元化评价方法在小学美术作业中的应用探究 [J]. 教育科学，2021（3）：146.

[2] 孙晶晶. 研究生活素材在小学美术课堂教学中的应用 [J]. 教育，2023（8）：74-76.

基于核心素养下的小学数学作业设计优化策略研究

武汉市光谷第十一小学　赵梓涵

研讨学生核心素养的发展是国内外教育理论与实践的重中之重，《义务教育课程方案和课程标准（2022年版）》更是明确提出"立足学生核心素养发展，确立核心素养导向的课程目标"[1]。培养学生的核心素养是落实立德树人根本任务的基石，更是实现终身学习与发展的有力保障。作业作为促进学生核心素养发展的有力抓手，能使学生在自主探究的学习情境中巩固知识，并形成创造性解决问题的能力。同时，基于核心素养的视角去探究小学数学作业设计的优化策略，有利于构建更为合理的学业质量评价标准，为教师教学锚定以人为本的方向。

一、基于核心素养下的小学数学作业设计要求

基于核心素养来设计、优化小学数学作业，能够让数学作业由"知识本位"转化为"能力、素养本位"。[2]学生核心素养的提高有利于他们在真实情境中发现问题、提出问题，最后创造性地解决问题。围绕核心素养来设计和优化小学数学作业，要求教师不再囿于教材之地，而是放眼世界之外。通过设计层次性、个性化、综合性、实践性的数学作业，让学生在达到数学学业合格标准之余，提高对数学学习的兴趣，获得更丰富的数

学学习体验。

因此，基于核心素养下的小学数学作业设计需遵循以下要求。

（一）符合学生身心规律，设计内容科学合理

《义务教育数学课程标准（2022年版）》明确指出：核心素养具有整体性、一致性和阶段性，小学阶段侧重对经验的感悟。因此，小学数学作业需充分考虑学生核心素养的要求，结合小学生身心发展规律，以数学教材为基础进行设计。在内容上，应将真实情境与作业设计相融合，避免出现"池塘同时放水和排水"之类的脱离生活场景的设计。在形式上，不囿于书面作业，开展创造性的实践作业，充分利用数学广泛的知识学习。让学生在动手实践中获得数学学习的乐趣，积累丰富的感性知识，为更好地理解抽象规律奠定基础。

（二）善于启发学生探究，尊重学生主体地位

学生是学习的主体，小学数学作业设计应注重对学生的启发，避免让学生陷入"完成作业—核对答案"的单向循环。在启发性作业设计中，教师可以通过引导、问题铺垫、方法对比等方式达到举一反三的目的。[3]在作业设计中创设探究性、开放性情境，引导学生积极思考，最终创造性、灵活地解决问题。

（三）结合学情分层设计，充分体现育人价值

学生具备不同的性格特点和成长背景，其对知识的掌握程度也存在差异性。因此，教师在进行教学时需立足学情进行教学设计，通过与学生的互动了解、分析学生对知识的掌握情况。然后，根据本节课的教学目标和学情，设计具有针对性和层次性的作业，如基础型作业、提升型作业、合作型作业、拓展型作业等。[3]不同的作业层次针对不同掌握情况的学生，共同构建完整的数学作业体系。同时，分层设计还能赋予学生更多的自主权和选择权，确保学生主体地位，激发学生对数学学习的积极性。

二、当前小学数学作业设计的现状

（一）作业设计量大，重复性高

当前的数学作业设计依然存在重复性、单一性的问题，学生疲于应对各种"题海"。以四年级上册中的除法单元为例，老师为了提升学生的计算能力，不断重复各类计算训练，而忽视了学生对算理的掌握。算理是计算的基础与核心，教师在处理计算单元时，可让学生扮演"小老师"，将其对算理的理解讲给同学们听。

（二）作业设计内容枯燥，形式单一

由于小学生的抽象逻辑思维尚未完全成熟，他们对知识的理解需要感性经验的支持。尤其是小学生对于感兴趣的背景知识、小游戏、生活中的奥秘、动画片中的数学知识等。当前小学数学作业设计仍然以书面作业为主，作业内容也缺乏生动性，学生只是把完成作业当成一件差事。以测量单元为例，如果只是让学生不断重复各种长度单位、重量单位的单位换算，学生掌握得并不充分。但如果让学生自己去走一走，亲身感受下"1千米有多远"，抱一抱感受下"10千克有多重"。这样贴近学生日常生活的作业设计，更能激发学生对数学的探究欲。

（三）作业内容过于片面，忽视个体差异

当前小学数学作业设计中，以全局性作业为主，忽视了部分学有余力的学生和学习不足学生的培养。[4]对已经掌握良好的学生来说，过于重复、单一的作业会消耗其对数学的学习兴趣，而对学习基础较为薄弱的学生，一课一练存在不小难度，长此以往易形成习得性无助。

（四）作业评价指标单一，缺少有效指导

为帮助学生更好地巩固知识，每节数学课后都会布置数学作业。但

因数学老师每天批阅的作业量大，为了节省时间，作业评判标准通常以参考答案为主，缺少具体的指导批注。学生在查看作业时，无法理解错误原因，教师也无法及时知道学生是否正确订正。这样的作业设计是低效且单向的，缺乏师生主体的双向互动与交流。

三、基于核心素养的小学数学作业设计优化策略

（一）设计趣味型作业，创新作业内容

兴趣是激发学生学习内驱力的来源，设计趣味型作业时，应以教学目标为依据，以所学内容为核心，设计生动有趣的内容。这些趣味型作业既可以当堂布置练习，引导学生进行讨论交流，打造生生、师生高效互动的课堂，也可以作为课后练习，让学生带着问题去探究数学的奥秘，享受学习带来的乐趣。

比如三年级学习方向时，可以巧妙引入学生喜欢的"大富翁"游戏。请学生自主设计游戏地图和行进路线。同桌两人一组掷骰子，每次根据骰子点数前进时，都需要说出自己正在朝着什么方向前进，标志物在自己的什么方向。当学生拿着自己设计的"大富翁"游戏地图走进课堂，他们也在游玩中加深了对各个方向的理解，真正实现了"在做中学"。

（二）设计体验型作业，丰富数学感知

小学生抽象思维的建立与发展离不开大量感性认识的输入，通过感知体验，学生可以将抽象难懂的概念转换为可触摸、可测量、可动手的感性经验，这有利于学生理解、巩固所学知识。

以"千克和克"的教学为例，平日学生对千克的认识比较模糊，教师可以直接带体重秤到教室，现场请同学猜猜朋友的体重，然后称一下。体重秤的结果显示34kg，这时教师可以适时告诉学生这是千克的另一种表示方法。而日常生活中常用斤来表示体重，单位千克和斤也有关系。借助这

样的一个直观体验，学生既能认识千克的不同表示方法，也能了解到生活中常用的单位"斤"和"千克"之间的联系。

（三）设计实践型作业，融入生活实践

数学知识源于实践，对数学作业的优化设计理应回归实践。借助实践活动，学生可以在动手操作中理解知识重难点内容，进一步理解数学学习的意义和作用，增强数学学习的兴趣。

以圆柱表面积的内容为例，可以让学生自己设计一个圆柱体，教师给学生分发一样的装饰贴满圆柱体，并提问学生："哪个同学需要最多的装饰贴画呢？"学生结合以前学过的知识，很自然地能想到这与自己设计的圆柱体表面面积大小有关。怎样快速求出圆柱体表面积？学生通过剪一剪、拼一拼的实践过程，直观感受到圆柱的展开侧面是一个长方形或正方形，底面展开是两个圆形，然后通过旧知迁移应用，学生能推导出圆柱体的表面积计算公式。

（四）设计分层型作业，促进个体发展

学生对知识的理解和掌握程度存在个体差异，在作业优化设计中应充分考虑学生的个体差异，设计出满足不同学习层次需求的作业内容，使每位学生都能获得成功的数学学习体验，增强对数学学习的信心。

首先，设计基础型作业，作为基础知识的强化练习。这项作业易于解答、知识点明确，能有效检测学生对基础知识的掌握程度。比如在教学周长时，设计"用彩带装饰学校的班级清洁班干区，需要多长的彩带？"的问题，这样的问题仅仅是长方形周长计算公式的应用，没有其他拓展提升。学生在完成后，也可以请他将米换算成分米、厘米，帮助基础薄弱的学生在学习新知的同时巩固旧知。

其次，设计拓展型作业，针对学有余力的学生，在基础上适当拔高，既能满足他们对数学学习的探究欲，又能使课堂教学获得有效延伸。比

如在教学三角形的面积时，设计"一个三角形的底长10m，如果底边延长2m，那么面积就增加了5m²。原来三角形的面积是多少？"学生需要理解"三角形底边延长，但高不变"去求出面积，而不是三角形面积公式的直接应用。

（五）设计评价型作业，实现多元评价

单一的以教师为评价主体的作业设计并不能激发学生的学习兴趣，甚至还会因为评价延迟、模糊等问题，打击学生学习的信心。因此，引入多指标、多主体的作业评价体系是作业设计优化的重中之重。

比如在教学计算单元时，改变以往的学生算、教师讲、全班订的传统模式，将教师单一主体评价改为学生自评和同学互评的形式，让计算课也能成为师生互动的交流天地。同时，从计算速度（计时）、计算正确的题目数量、计算习惯（打草稿、是否验算、算式书写规范）等多个维度进行计算能力检验，而非局限于追求速度。

基于核心素养下的小学数学作业设计优化设计，其核心在于以人为本，尊重学生的主体地位。通过不同类型作业的设计，实现学生数学学科素养和核心素养的全面提升。

参考文献

［1］中华人民共和国教育部制定．义务教育数学课程标准（2022年版）［M］．北京师范大学出版社，2022．

［2］李亚密．基于核心素养下的小学数学作业优化设计方法探究［J］．考试周刊，2023（16）：72-75．

［3］陈文萍．核心素养背景下小学数学作业设计的策略研究［J］．天天爱科学，2023（10）：34-36．

［4］王燕．小学高年级数学作业设计存在问题与解决策略探究［J］．试题与研究，2023（31）：96．

精心"设局",让数学学习更有味
——小学数学作业设计之我见

武汉市光谷第十一小学　熊飞

小学数学作业的设计对于培养学生的学习兴趣至关重要。通过设计有趣的作业,我们可以激发孩子们对数学的热爱,使他们心情愉悦,让学习更有效。然而,现阶段小学数学作业却存在这样一些问题。

作业缺乏层次——形式单一。当前小学数学阶段作业设计欠缺层次感,课堂所学的知识点大多不论难易、不分主次,导致学生在简单的知识点上费时,且缩短了其在重难点上的练习,致使学习进程滞后,增加了学生负担;形式单一的作业内容也会导致学生对课后练习缺乏兴趣,产生抵触情绪,导致其不愿意认真巩固所学内容。

作业机械重复——效用低下。虽说学习的本质就是模仿和反复练习,但大量机械重复练习既不符合数学学科核心素养的培养,又会将作业巩固所学知识的效用大幅降低,而现阶段小学数学作业内容的一大弊端正是如此,大量重复的计数、计算甚至于部分教师教学中强制性的背诵,都与提升学生的数感、量感和数学逻辑等培养数学核心素养相违背。

作业脱离生活——缺乏实践。对于小学生来说,最好的课后练习就是在生活中考验其能否灵活运用所学知识来解决实际问题,但部分教师可能是因为对此原则的轻视,也可能是并未经过深入研究,导致小学数学作业内容严重脱离学生的日常生活,使学生平时将所学内容"无处可用",只在考试时才"临时"拿出来使用，感到"学而无用"。这种缺乏实践的学习在考试中也基本不会有好的回馈。

作业内容统一——缺乏分层。每个学生都如同一块美玉，不同的飘花与色泽代表着学生之间存在着差异性，这种差异性在数学中也有明显的表现，如有些学生擅长运算求解，有些学生擅长推理论证。因此，小学数学作业的设计需要考虑学生之间的差异性，并尽量去帮助学生"扬长补短"，但现实情况却是作业内容统一，忽视了学生之间的差异，导致学生充分"扬长避短"，好的学生变得更好，差的学生也变得更差。

因此，我认为教师要根据国家"双减"政策目标，借作业"改革风暴"的浪潮，科学地设计符合学生年龄特点的作业，拒绝机械、重复、无效的作业。对作业重新定义，以"高效"为目的对作业展开研究。

一、结合生活实际，设计探究性作业

探究一词意为探索追究或研究，指的是借助多种感官、方法对某事物开展学习认知和理解归纳，而探究类作业即为让学生通过自身的主体活动加深对知识的理解。例如，在二年级上册中学习了长度单位"米、厘米、毫米"这一内容后，我们是否可以减少关于单位换算的作业内容，那样的作业内容机械重复，并且只适合书面计算，我们是否可以转变思路，将这一内容布置成探究类作业，如"自己的身高是多少米、多少厘米？爸爸妈妈的身高呢？知道了自己的身高能估算出爸妈的身高吗？一米究竟有多长？"在完成这些作业的过程中，学生将经过"思考—猜测—验证—反思"的认知过程，对长度单位能够有更直接、更深刻的感知；相比单纯地进行小数乘法的计算，我们五年级的学生学习完小数乘法，可以让学生统计家里一周的用水量，计算水电费，并提出节约用水的建议，通过实践，不仅可以让学生感知数学与生活的联系，还可以让学生"积攒"数学情景类试题，让学生自己当老师，高年级学生自己设计练习题，做到学以致用。此外，在学生熟练掌握加减乘除混合运算后，教师可以将普通运算题改为"了解并计算自己家庭一天的收入与开支"，要求学生详细、清晰地罗列并计算。如：白菜0.75元/斤，今日购进3斤，共0.75×3=2.25（元），六年级学习了百分数，还可以用这样的情境解决家庭收支情况，结合扇形统计图，也可以帮助学生分析、了解，等等。这样的作业不仅培养了学生的数学意识，还增强了他们的数学应用能力。

二、结合年级知识技能，设计游戏性作业

小学数学学科的作业大多都是千篇一律的计算和公式运用，这对学生来说无疑是枯燥无味的。低年级的学生，他们的注意力有限，不太适合长时间进行纸笔练习。因此，教师需要尝试转变思路，通过增加作业的趣味性来吸引学生认真完成作业。教师可以设置"数学大富翁"游戏，学生通过回答数学问题来前进并赢得奖励。例如乘法口诀、100以内数的计算，表内除法，设计图形的分辨等；在学习完三年级上册"平移、旋转、轴对称图形"这一章节后，教师可以摒弃传统作业的出题答题模式，布置趣味绘画作业，向学生出示几个简单的图形，如三角形、圆形等，让学生充分发挥想象力，利用章节所学的平移、对称、旋转等内容，结合教师出示的图形进行绘画，教师可以选取其中几位学生的绘画作品，上台进行展示并让学生讲解自己这幅画运用了什么方法、有什么样的寓意等。只要老师们愿意动脑筋，设计这样的"游戏"练习，定会深受学生喜爱。这样的游戏性作业能够激发学生的学习积极性，让他们在玩中学，开心地掌握知识。

三、结合学生情况和学习能力，设计分层作业

为满足不同学生的需求，解决传统小学数学作业过于统一的问题，使学生能够得到针对性的练习并从中获得发展。对此，教师应结合学生的个体差异，设计分层作业，使各个能力层次的学生都能得到针对性的训练。对于数学基础较好的学生，可以布置一些挑战性的题目，而对于基础较弱的学生，则可以提供一些辅导和练习，让每个孩子都能在自己的能力范围内取得进步。比如，在教学"圆"之后，教师可以考虑为学生设计分层作

业。教师了解学情，知晓学生的学习情况，我们不妨将作业分为A、B、C三个层次，学习比较扎实的学生划为A层次，学习一般的学生划为B层次，学习比较吃力的学生划为C层次。针对不同层次的学生，教师应设计对应难度的作业。处于A层次的学生，设计有一定难度挑战的作业：如已知有一个边长是10厘米的正方形，在该正方形上画出一个最大的圆，请问其面积是多少？处于B层次的学生，设计难度一般的作业：如现在有一个周长已知的圆，如何对其面积进行求解？而处于C层次的学生，设计难度较小的作业或基础性作业：如有一个圆的半径是3厘米，这个圆的面积是多少？这样，通过分层作业设计，各层次的学生都能得到不同的训练，不同层次学生的基础巩固和挑战进阶需求亦可得到满足，从而充分挖掘各层次学生的学习潜力。需要强调的是，教师在设计分层作业时必须关注"变化"动态，把控学生的学习能力，根据学生的变化不断进行调整，以确保分层作业的针对性和有效性。

四、结合课标，培养核心素养，设计合作性作业

人从来就不是孤立的，即使在远古时代，所以我们需要培养学生的团队合作精神和能力。学生的头脑灵活，可塑性强，我们可以结合这些特点，考虑设计制作类的数学作业，有意识地将学生划分为学习小组，共同完成作业项目。例如，在日常教学中，有些学生对学具的重视程度不够，所以我们可以鼓励学生自己制作学具，选择生活中的废旧物品，按照自己的想法设计和制作，最终呈现出别具特色的学具。当学生拿着自己制作的学具进行学习时，他们的成就感油然而生，能够深入理解所学知识，积极进行课堂互动。教师对学生制作的学具做出点评，指出他们思想的闪光点，同时指出需要改进的地方，从而培养学生的设计思维。除此以外，大单元作业逐渐引起教师的关注，它能够促使教学内容更紧密地融合在一起，加强学生对不同知识的掌握。所以，学完一个单元后，教师可以设计涵盖整个单元的作业内容，鼓励学生制作单元思维导图，用不同颜色的画

笔画出知识点，以便更好地理解和记忆。让学生分组制作数学画报，展示他们对数学知识的理解和应用。完成之后，可以将学生制作的优质思维导图、画报粘贴到校园中，或者发到校园网中，树立学习的榜样，让更多的学生产生赶超的心态，在数学学习的道路上不断向前。在这个过程中，学生们以小组为单位，相互协作、交流和分享，培养了他们的团队合作能力。

五、结语

《义务教育数学课程标准（2022年版）》提出，数学教学应体现应用性和联系性，选择贴近学生生活经验的教育内容，教会学生用数学的眼光观察现实世界，增强学生解决真实问题的能力。为此，数学教师们要善于思考，让智慧拉近学生与数学之间的距离，让学生感受数学之美，让每一次的作业都有价值、有特色、有收获，让学生获得个性化的学习感悟。小学数学作业设计应更符合学生的认知规律，能调动学生实践的兴趣。在日常工作中，小学数学教师应深入研究各年级学生的学习特点和心理特点，开发多种多样的"作业"，引导学生进行推理、迁移、假设、建模等，提高学生的数学学习能力，拓展数学思维能力。

参考文献

［1］覃爱香．"双减"背景下小学数学作业设计与优化策略分析［J］．天天爱科学（教育前沿），2022（12）：54-56．

［2］钟招兰．"双减"背景下小学数学作业设计研究［J］．教师博览，2023（33）：74-76．

［3］顾卫华．小学数学非书面作业设计的优化［J］．山西教育（教学实践），2023（11）：27-28．

［4］田雪，王玉锋．小学中高年级数学项目式作业设计与实践［J］．教师博览，2023（11）：71-73．

以学定教 以评促学，新课标下的"教学评一体化"实践探究

武汉市光谷第十一小学 黄璐

教学评一体化是以学为中心，以学定教，以评促学，以评督学。评价应该与教、学保持一致，在设计层面坚持"学习中心"理念，整体设计单元、课时学习任务与评价标准，学习活动与评价计划，学习证据与评价工具，在实施层面坚持"以评促教"理念，通过引导学生自评和互评、优化和改进评价过程，最大程度实现评价促学与促教功能。

一、新课标中"教学评一体化"提出的背景

"教、学、评一致性"和"教、学、评一体化"是新课改语境下的热点话题，也是提高目标达成度、增强课堂有效性的新视角。随着新课改的稳步推进，为了提高教学的有效性，"基于标准的教学"已逐渐深入人心。"教、学、评一致性"和"教、学、评一体化"成为教学研究者和一线教师的研究热点和前沿课题。

最早提出"教、学、评一致性"概念的是美国教育心理学家科恩（S.A Cohen）。他用"一致性概念"来替代教学中的某些设计条件与预期的教学过程、教学结果之间的匹配程度，并且通过研究发现，如果教学目标与评价一致性越高，无论是普通学生还是天才学生都能取得好的成绩。后

来，美国著名教育评价专家韦伯对"一致性"概念进行全面深入分析。在韦伯看来，一致性是指"两种或更多事物之间的吻合程度，即事物各个部分或要素融合成一个和谐的整体，并指向对同一概念的理解"。"实现这种一致性的根本目的是更好地指导教师的教学与学生的学习。"

华东师范大学崔允漷教授认为，"教、学、评一致性"是由目标导向的学教一致性、教评一致性和评学一致性三个因素组成的，它们两两之间存在着一致性的关系，然后组合成一个整体，构成"教、学、评一致性"的所有含义。

2000年12月，日本教育课程审议会在《关于儿童学生学习与教育课程实施状况的评价的应有状态》的报告中明确提出了"教学与评价一体化"的原则："教学与评价一体化"就是将传统上彼此孤立的教学活动与评价活动有机地融合为一个整体。具体就是将评价活动贯穿于教学活动的整个过程之中，形成一个动态的"教学评价循环体"，并发挥循环体持续性的反馈与导引功能，提高课堂教学的整体效益，促进学生全面均衡地发展。

我国于2022年4月颁布了新修订的义务教育课程方案和课程标准，在很大程度上是一个将正式课程转化为学生体验课程的过程，而"教、学、评一致性"是课程转化的关键技术，强调学习目标、学习过程和评价之间的相互回应。正因如此，新修订的课程方案和课程标准均将其作为新课程实施的重要举措。

（一）背景：教学评三者割裂呼唤教学评一体化

教师对评价的第一个误解在于，误以为评价仅仅指阶段性测评（终结性评价）。但是，"教、学、评一体化"中的"评"并不只是指期末考试或毕业考试，而是关于整个教学过程的评价。考试只是对学生最终学习结果的评价，但在学习过程中，对学生的评价是不足的。如果对学生学习过程中出现的问题没有给予及时地解决，最后等测评或考试的时候，才发现学生"没有学会"，就来不及补救了。因此，"评"应该发生在日常教学中。这也意味着忽视了平时教学过程中对学生学习情况的及时评估，这也是"评"的重要部分，被称为形成性评价。

教、学、评之间存在脱节现象。教师所教非学生想学、能学、需要学的内容，教师教了但学生未能学会；教师教的方式与学生学的方式不吻合；唯分数论的考试与评价方式束缚了日常教学；貌似"教—学—评"三位一体的应试教学扭曲了正常教、学、评三者之间的逻辑关系，甚至出现了"抓住考点，精准教学"等做法。这一状况凸显了一种现象，以考定教，导致灌输式教学，忽略学生学习规律，教和学脱节，以考试为主的终结性评价凌驾在教、学之上，导致评与教割裂。这就引发了第二个误解，我们误认为以考定教和学，就是"教、学、评一体化"，严重忽略了学习的本质。真正的"教、学、评一体化"，应该以学为中心，以学定教，以评促学，以评督学，评价应该与教、学保持一致，换句话说，评价应该嵌入教、学的全过程，帮助学生及时了解学习情况，反思并调整学习策略和方法，从而持续提升学习效果，最终实现学生核心素养目标的达成。

（二）内涵：保持教、学、评一致和相互支持

教以目标为导向，指向学科核心素养的培养；学是为了发展核心素养，与教的内容保持一致；评则是为了促教和促学。因此，教、学、评三者的本质是一致的，共同指向学生学科核心素养的发展。而课堂活动作为教师教学和学生学习的基本组织形式，是落实课程目标的主要途径。为实现课程目标，教师必须构建与目标一致的课程内容和教学方式，即将教学目标和学习结果融入评价任务和课堂活动中，确保教学、学习和评价的一致性，即实施"教、学、评一体化"的实践范式。

课程标准说的"教、学、评一体化"，是一条教学建议，也可以说是一种指导教学设计与实施的理念。"教、学、评一体化"不是教、学、评的简单相加，也不是先教、后学、再评，教学评没有先后顺序，也并非完全等同。

（三）价值：一体化带来对评价理念的升级

评价，意味着评而有价。这里面有一个评估并调整教与学到有价值的过程。因此，教、学、评三者之间在目的、内容和形式等方面才真正保持了一致性。评价设计可以围绕目标提前设计，评价活动也可以嵌入到教学活动中，成为学生是否达成目标的证据，而不是等到阶段性测试，才能知道结果。至此，我们消除了"没学怎么评"的误解。这里的"评"指的是评价设计，将各种过程性、表现性的活动，嵌入教学中，通过活动来评估学生学的情况和老师教的情况，进而调整教师的教学策略，最终达成目标。

有效的教学具有灵魂。第一问，我要把学生带到哪里去？即学习目标，需要指明方向，明确学习成果和学业质量标准；第二问，我怎么把学生带到那里？即学习策略与方法，方法需要在活动中运用，策略需要在活动中培养，实质就是学习活动和学习程序；第三问，如何证明学生已经到了那里？即学习评价，需要凭证据说话，按标准验收，一般有表现性评价和传统纸笔评价两种方式。这样，就更好地帮我们理解"教、学、评一体化"，即目标、教学、评价一致性原则。

二、为什么要进行"教学评一体化"设计？

实践证明，不论课标写得多好、教材编得多好，都无法直接影响学生的学习体验和学习成效，只有通过教师这个转化剂或中介，新课标理念和教学内容才能成为学生成长所需的营养和能量。

在日常教学过程中，教师常出现的评价问题包括以下五点：

（1）评价理念与评价意识淡薄，忽视对评价目标与评价内容的思考与设计，缺乏评价策略的指导；

（2）教、学、评割裂——"评"凌驾于教与学之上；"教"大于"学"；"学"处于课堂的被动地位。低效的课堂往往是教师讲得多，学生学得少；

（3）评价主体和评价方式单一，课堂评价随意性较高，针对性、诊断性评价少，浅层次评价多；

（4）有"评"而无"价"，不能针对学生的提升提供适当建议；重"结果"而轻"过程"，过程性评价不到位，以成绩为导向的终结性评价占比大；

（5）未能形成有效的评价机制，对多元的评价主体、多样的评价方式、全面的评价内容、多维的评价目标理解不透彻，未能形成评价体系，难以在教学中实践运用。

现今的课堂教学要求基于真实问题情境、大任务、大活动展开。首先，我们的教学理念要发生改变，基于新的课程改革，教学理念由知识逻辑转向学习逻辑、认知逻辑，开始更多关注到人的发展。在这个过程中，学习任务会分解到每个学生身上，基于真实情境下的问题解决，让学生在经历与体验中，达到深度学习。学习的具体结果，则通过表现性评价、形成性评价、过程性评价和总结性评价形式呈现。

新课程标准中举的这道例题：图1是我国航天事业中一些工程的名称，有网友感慨，中国航天太会起名了。我们把探月工程取名为"嫦娥"，把行星探测任务命名为"天问"，把自主研发的卫星导航系统命名为"北斗"。

请你解析这些名字中所蕴含的中华优秀传统文化中的元素？我国的运载火箭被命名为"长征"，请解析其中的寓意。如果请你为新一代的运载火箭命名，你想起什么名字，说说你的理由。

图1 新课程标准中的例题

新课标所倡导的这种迁移式命题,灵活地考查学生,不仅改变了教师的知识观,也改变了学生的学习观,教师必须注重核心素养,在课堂教学中与时俱进。

三、如何实施"教学评一体化"

"教、学、评一致性"的教学方案区别于传统的教学方案,主要体现在两个方面:一是基于课程标准、教材和学情确定学习目标;二是评价设计先于教学活动设计。因此,在设计教学方案时,首先要设计确切的学习目标,然后根据学习目标设计评价任务,最后将评价任务融入教学活动中,这种逆向的教学设计保证了学习目标、教学活动和评价的一致性。

良好的评价任务有利于目标的达成,确保教、学、评三者的一致性,落实学科核心素养。可以从分析学习目标、确定表现标准、选择评价方式、设计评价任务、选择多元化的评价方式及载体等方面逐步实现(如图2所示)。

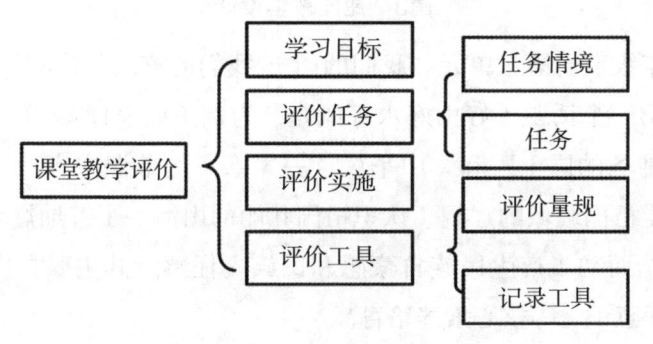

图2 课题教学评价

(一)分析学习目标,确定表现标准

高质量的评价源自清晰、明确的学习目标。如果说学习目标是到达的最终目的地,那么表现标准会告诉你什么时候抵达目的地。

所谓表现标准,就是当学生达成学习目标时,会有什么样的回答、行为、作品、方案等呈现出来，它们各有怎样的表现或标准可作为测评的证据。

在传统教学中，评价是外在于教学过程的一个部分，评价先于教学实施，即在教学活动还没有开展之前就确定如何评价，使教学评价伴随整个教学过程。明确学生在结束时能做什么，最终判断表现的指标又是什么，并对学生做出解释，是基于标准的教学的起点。

为帮助学生完成评价，教师会自觉寻求合理的教学方法与策略，清晰明确地设计教学过程。因此，教学设计中的评价在本质上是促进教与学的评。基于"教、学、评一致性"的教学设计，我们可以称之为"逆向教学设计"或"始于目标的教学设计"（如3图所示），它遵循的是"教学目标→评价任务→教学活动"三个步骤。

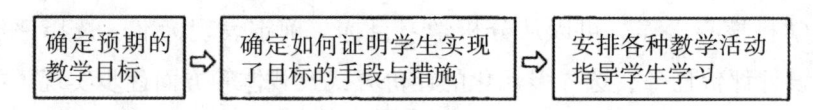

确定预期的教学目标 ⇒ 确定如何证明学生实现了目标的手段与措施 ⇒ 安排各种教学活动指导学生学习

图3　逆向教学设计

以五年级上册第三单元"我们的国土 我们的家园"第6课"我们神圣的国土"第二个话题《好山好水好风光》为例（如表1所示），该单元包括"我们神圣的国土"和"中华民族一家亲"两节课内容，旨在引导学生整体感受祖国疆域的辽阔，认识祖国壮丽的山河，了解灿烂辉煌的各民族文化，从而初步产生民族自豪感和民族责任感。其主要指向"政治认同""责任意识"等核心素养培育。

全课目标到课时目标，强调"通过什么过程和方法"达成相应的学习目标。这一细化的学习目标已内含基本活动和教学方法，从而为教师切实以学生为主体，选择适切的学习内容并设计具体的学习活动提供了明确指引。

表1 "好山好水好风光"学习目标分解表

全课目标	课时目标
1.知道我国的地理位置、领土面积、海陆疆域、行政区划。知道台湾是我国不可分割的一部分,祖国的领土神圣不可侵犯 2.了解我国领土辽阔、地形多种多样,知道我国山河壮美,是一个世界自然遗产众多的国家,进一步感受祖国的美丽。感受世界自然遗产的价值,初步建立关注世界自然遗产的意识 3.了解我国不同地区自然环境的差异,知道并理解这些差异对人们的生产和生活方式的影响	第一课时: 1.政治认同:通过阅读地图,找出我国主要的山脉、江河,说出它们的分布地区,初步感受我国的山河壮丽 2.政治认同:通过多种识图活动,了解祖国多样的地形地貌和地势分布特点,感受祖国辽阔的国土和壮丽的山河,激发爱国情和自豪感 3.健全人格:通过小组合作制作模型,提高应用知识的能力 第二课时: 1.政治认同:通过比一比、选一选、辩一辩等活动,激发对祖国山河的热爱之情 2.政治认同:通过图片展示激发生活经验,了解我国众多的世界自然遗产,进一步感受祖国的美丽,初步建立关注世界遗产的意识 3.责任意识:通过共同制定旅游文明公约,激发尊重自然、爱护生态和保护环境的意识

"评价要求"是新的学习方案设计的重要内容,强调凸显新课标要求的"教、学、评一致性",关注学生在学习过程中的表现。"评价要求"紧随"学习目标"之后,旨在以始为终,让师生在"学习目标"的引领下有序推进学习进程。

"好山好水好风光"指向"政治认同""责任意识"等素养培育,重在激发学生的爱国情怀、自豪感和担当精神。表格中对相关目标表述、内容要求和学业质量非常明确,学习目标设计中提出了本课的3个基本问题:

①我国的地形类型多样,独特的自然景观呈现出怎样的文化意蕴?②祖国的好山好水有很多,你去过或最想去的地方是哪里?③在游览祖国名山大川和欣赏名胜古迹时,如何爱护公共资源?

基本问题的提炼意在提示道德与法治教师要坚持问题导向,"从一个问题切入,把一个问题讲深,最后触类旁通",紧跟"学习目标"之后的

"评价要求"一般也建议从问题切入，将相关活动贯穿起来，重点引导学生经历分析问题、解决问题、创造知识和能力的过程（如表2所示）。

表2 "基本问题"的锻炼

学段目标	课程内容的内容要求	学业质量描述
初步了解国情，具有维护国家利益和在乎尊严的意识与行动，形成中国人的认同感（政治认同） 热爱并尊重自然，自觉保护环境、爱护动物，初步了解可持续发展理念（责任意识）	了解祖国的名山大川和名胜古迹，为生活在中国而自豪（国情教育） 关心集体，在集体中承担相应的责任，具有集体意识和团队精神（道德教育） 了解和感受社会生活，主动参与力所能及的服务性劳动，做一个热爱生活、乐于奉献的人，积极服务社会，增强社会责任感（道德教育）	用实例说明中华文化的源远流长与博大精深（政治认同） 能够践行社会主义核心价值观，维护公共秩序与社会安全，遵守法律规定；讲述环境保护的重要性，就如何实现提供可持续发展提出建议（政治认同、道德修养、法治观念、责任意识）
基本问题1：我国的地形类型多样，独特的自然景观呈现出怎样的文化意蕴		
基本问题2：祖国的好山好水有很多，你去过或最想去的地方是哪里		
基本问题3：在游览祖国名山大川和欣赏名胜古迹的时候，如何爱护这些公共资源		

（二）依据表现标准，设计评价任务

确定学习目标和表现标准后，要考虑怎样的情境任务能够达成学习目标、引出学生的行为表现，以便获得推断学生是否具备相关能力的证据。课堂上常见的评价包括纸笔测试和表现性评价，纸笔测试主要用以检测知识目标，而表现性评价则是让学生通过实际应用知识和技能来展现其掌握学习目标的活动。

两种评价任务各有优缺点，纸笔测试易于操作，适合于检测一节课的低认知维度目标，而表现性评价则适合于检测一个单元（或学期）综合性、高认知维度的目标。按照课时编写了每节课的纸笔测试内容，为落实分层作业设计理念，我们在拓展性练习中设计了选做题和必做题。

不同维度的目标应设计不同的评价任务，低认知维度目标设计的评价任务较为简单，高认知维度目标设计的评价任务相对复杂，真实开放的评价任务有助于学生去探索、发现，培养学生深层思维能力。比如有这样一道例题：

  小宇在"中国美术馆"App上浏览展品，被木刻版画《鲁迅像》所吸引。他忽然灵感迸发。如果这是一幅全身像，鲁迅手中会拿着什么东西，或者会做出什么动作？请你发挥想象，代小宇在留言区说点什么。

  这是一个完全开放的任务，通过学生不同的回答，我们可以考察出学生对鲁迅及其作品的了解，这符合我们新课标评价变革中的这种迁移式命题的一面，我们的教学希望学生能够举一反三，能够学得聪明，那么我们的课堂教学，我们的老师就应该举一反三，去聪明地教。只有这样，我们的学生才能学到举一反三的能力，学得聪明。

  在五年级下册"百年追梦 复兴中华"单元"从富起来到强起来"这一课时中，我布置了一个学习活动，通过图片对比和材料辨析等方式，让学生体会中华儿女奋勇抗争、不屈不挠的民族精神，深刻感受只有共产党才能救中国。根据评价目标等级要求和学生的反馈情况，给学生进行星级评价，这不仅能够反映学生的学习情况，还有助于规范和引导培养学生的思维习惯和思维模式，提高学生的思维能力。

  这样的任务具有真实的任务情境和知识建构，不仅能提高学生综合运用知识的能力，还能培养学生设身处地思考、与他人合作以及参与社会等品格特质。

（三）为表现性评价任务，设计评价量表

  表现性评价通常需要设计评价量表，评价量表包括要素、等级和指标。要素主要包括识别和衡量学生在特定任务情境下的主要表现，每个要素通常设计3个或5个不同的等级，然后对这些不同的等级进行描述。设计评价量表时，可以依据往年学生不同层次的作品（表现）自下而上进行设计，也可以依据成功标准自上而下进行设计。教师设计评价量表的过程，有助于进一步明晰学习目标和表现标准，如果条件允许，教师可以邀请学生一同设

计评价量表，以促进学生后续学习的改进。评价量表应与评价任务一起分享给学生，这样学生不仅明确了"怎么做，做什么"，也清晰了"做到什么程度"，有利于学生进行自我评价，从而更好地达成学习目标。

"好山好水好风光"表2清晰地呈现了本课教学所指向的学段目标及其素养指向，以及细化的内容要求和学业质量要求，从而为其后的评价要求提供内容和素养水平参考。据此，我们在评价要求中，针对每一个基本问题都设置了三个等级的任务（详见表3），由"知道和领会"到"应用、分析"层级，再到"综合"和"应用"逐步加深难度，凸显学习进阶。

表3　"评价要求"的分级表述

基本问题1：我国的地形类型多样，独特的自然景观呈现出怎样的文化意蕴				
评价内容	水平一	水平二	水平三	核心素养
感受多种多样的地形地貌	找出我国主要的山脉、江河	水平一的基础上，介绍家校的一处自然景观	水平二的基础上，说出自然景观的文化意蕴	政治认同（家国情怀）
基本问题2：祖国的好山好水有很多，你去过或最想去的地方是哪里				
评价内容	水平一	水平二	水平三	核心素养
用喜欢的方式介绍祖国的好山好水好风光	用古诗、图片等方式介绍一处自己去过或最想去的地方	用解说词方式介绍一处自己去过或最想去的地方	用喜欢的方式讲述自己去过或想去的一处世界自然遗产	政治认同（家国情怀）
基本问题3：在游览祖国名山大川和欣赏名胜古迹的时候，如何爱护这些公共资源				
评价内容	水平一	水平二	水平三	核心素养
制定和遵守旅游文明公约	小组每人根据1个情境写出1条公约	小组合作完成文明公约共建	在生活中自觉践行旅游文明公约	责任意识（担当精神）

（四）围绕评价任务，设计教学活动

"好山好水好风光"一课，经过前述的"学习目标"和"评价要求"设计，学习活动已内含其中。据此，我们设计叙写了"好山好水好风光"

一课的核心学习活动及其意图：

【第一课时】

环节一：通过对比教师手绘地图和教材提供的中国地形图，寻找大山大河。

环节二：通过对比立体模型和教材地图，认识我国国土的三级阶梯分布特点。

环节三：通过合作制作地形模型，培养动手能力和应用知识的能力。

【第二课时】

环节一：通过朗读相关诗句，进一步感受祖国好山好水浓郁的文化韵味，感受祖国的好山好水不仅多而且美。

环节二：通过联系生活实际，用自己喜欢的方式分享游历祖国山河的快乐。

环节三：通过辩一辩激活思维，畅所欲言。通过欣赏丹霞地貌、喀斯特景观等图片，初步了解世界自然遗产，介绍中国列入《世界遗产名录》的数量，让学生感知我国是一个世界遗产众多的国家，激发自豪感。

五年级下册第三单元"百年追梦 复兴中华"第11课"屹立在世界的东方"中的"自力更生 扬眉吐气"环节，学习目标是了解我国工业发展的显著成就，并通过了解优秀科学家的事例，感受新中国成立初期人们投身社会主义建设、自力更生的精神，感悟新中国的精神力量。可通过召开故事会的形式分享模范人物的故事，从而使学生认识模范人物艰苦创业与祖国取得的建设成就之间的联系。围绕评价任务，设计以下教学活动：

课上，以"中国工业史上的第一"作为问题导引，设置五个环节：

环节一：知识抢答，分享课前调查收集到的"中国工业史上的第一"相关信息。

环节二：了解书上的两个第一。

（1）1954年12月25日，川藏、青藏公路建成通车，全长4 360千米，将雪域高原与内地紧密连接。这条道路是用鲜血和生命铺就的，沿线长眠着为修路献出生命的3000多名烈士。10多万筑路大军卧冰雪、斗严寒,以简陋的施工机具在青藏高原上修通了川藏公路和青藏公路,创造了世界公路史上的奇迹。

(2)1956年7月13日,中国生产的第一辆汽车,由长春第一汽车制造厂试制成功,从此结束了中国不能生产汽车的历史。

环节三:学生分组交流,分享你所收集的新中国成立以后工业史上的"第一"成就。

环节四:中国工业史"第一"故事分享会。

环节五:进行全班交流。

"学习过程"部分包括教师活动和学生活动两个内容,教师要以学生为主体,将教师的活动设计转化为学生的探究过程。如此,"指向核心素养的小学道德与法治学习方案"便成为教师与学生共同开展活动的脚手架,让学习过程成为教师与学生共同活动的过程,实现互动与融合。

新课标出台后,课程内容选择更加突出政治性和时代性。修订后的课程标准着力确立学生学会做人、做事的道德与法治基础,增强对"党的领导"、伟大建党精神、全过程人民民主等党和国家发展中的重大理论创新、实践创新和制度创新成果的认识,增加对反映文化传承创新、最新社会发展热点、国内外重大时政事件、与学生现实生活关联紧密的各类情境内容的涵盖。

(五)评价方法多样化,坚持素养导向

由于学生个体差异较大,学生的核心素养具有复杂的表现。在这一背景下,教学评价方法的多样化是学生评价的直接要求,只有多样化的评价方法才能对学生复杂的素养表现进行准确的评价。坚持多主体评价,充分发挥教师、学生和家长等不同的评价主体的作用,以师生互评、生生互评、学生自评的方式,通过观察、谈话、纸笔测评等方法来达成教学评价方法与核心素养表现之间的一致性。

（1）学生自我评价。每位学生课前分发一张收获卡，收获卡上包括"课程内容""课堂表现自评""本节课的收获"以及"对老师的期待"四个板块。

"课堂表现自评"这一板块分四个环节贯穿整节课堂。每一环节结束后，笔者会指导学生对这一环节的学习表现做出自我评价，以引导学生在下一环节中的学习调整。

（2）同伴评价。课上，在小组合作学习环节，笔者会特别安排班上平时善于观察、认真负责的学生担任"小小观察员"，他们根据观察卡上的评价内容，通过现场的巡视观察对小组的合作学习及时做出评价并反馈。这种学生与学生之间的互评，不仅能起到激励的作用，更能让学生清晰了解学习活动的评价标准，以此促进学生的"学"。

（3）学生对教师的评价。收获卡上还有一个特别之处，就是对老师的期待。这个板块的设计实质上是学生对教师的课堂表现的评价。以学生的"评"促进教师的"教"。

（六）评价载体丰富化，促进知行合一

在评价载体上，可采取"课前、课中、课后任务单"的形式，创设真实的生活情境作为评价的载体，促进知行合一。

1.以形式多样的任务单为载体

"收获卡""观察卡""课前、课中、课后任务单"等以不同的形式出现在学生的手中，根据教学设计的需要，学生按照教师的指导完成相应的任务，并总结对自己、对同伴、对老师的评价，完成课前、课中以及课后的任务。这种操作简便、结果清晰，有利于促进"知"和"行"的统一。

2.以创设真实的生活情境为载体

在联系生活环节中，教师就地取材，创设了一个真实的生活情境。在执教"让我们的学校更美好"一课时，笔者设计了四个学习活动，其中第

一个活动是"说一说",小组合作说一说你最喜欢的校园一角,每组选出一个代表进行分享,根据学生的分享,进行现场投票;第二个活动设置的情境是学校即将迎来一批客人,请你担任"最美校园推荐官",把你最喜欢的校园一角推荐给客人们,你会怎么推荐呢?再投票选出"最美校园推荐官",并说出理由。

【板块一】我们的学校真美丽

学习内容:说一说,你最喜欢的校园一角是哪里?为什么?

学习要求:

(1)人人发言,轮流发言,每人一分钟。

(2)每组派一名代表说一说最具代表性的校园一角。

【板块二】我们的学校真美丽

学习要求:

(1)比一比:谁对校园最熟悉。

(2)写一写:小小推荐官。

(3)读一读:我把它推荐给你。

(4)评一评:最受欢迎的校园一角。

最美校园一角推荐信推荐模板:

我是武汉市光谷十一小(　　)班的＿＿(姓名)。今天由我来当"最美校园"推荐官,介绍一处我们学校里最美的一角。

因为有情境的代入,学生在这一环节的研讨格外认真,汇总出来的推介材料精彩纷呈,促进了学习目标的达成。关注学生核心素养形成的复杂过程和机制,关注学生在真实情境下解决复杂问题的能力,用丰富的评价载体促进学生知行合一。

11月18日,特级教师孙民老师在人教云教研讲座中提到,一线老师培养学生要具备通过教材学习、课堂学习来解决生活中各种问题的这种综合的品质。例如,在语文学科有这样一道命题:"云游敦煌壁画,小雨在云游敦煌壁画的小程序中被深深吸引,我想在班级微信群里介绍给全班同学,请你挑选一幅加以推荐。"出示的是任务,是通过微信朋友圈的形式呈现,你如何写一段文字来吸引同学们积极下载。如果这一道题按我们传统的学习形式,就是从飞天壁画中选择一幅写一篇作文,而新命题则是以任务形式出现,更能体现语文学习是为了应用于生活。

综上所述,未来我们可能要实施不同于我们过往的课堂教学方式,它要求我们打破惯有思维,以"逆向思维"站在学生的学习角度上思考问题,"以评促教"。总之,建构"教、学、评一致性"是立足新课标,基于核心素养的新教学模式,是教师教学中一种行之有效的教学模式,也是学生成长中必不可少的学习模式。"路漫漫其修远兮",作为思政人,我们将不断探索,遵循教育教学规律,落实立德树人根本任务,助力学生适应未来的发展,为学生的终身发展奠定基础。

参考文献

[1] 杨和平. 课标"教—学—评"一致性、一体化概念的内涵分析及辨别[J]. 福建教育,2023(19):30-33.

[2] 崔允漷. 教—学—评一致性:深化课程教学改革之关键[J]. 中国基础教育,2024(1).

[3] 刘芳芳. "教—学—评"一体化视域下历史学科核心素养的培养探究[J]. 中学历史教学参考,2019(19):4.

[4] 王玉萍. 基于核心素养的教学评价[J]. 北京教育(普教版),2017(6).

声生不息
——音乐作业乐中学

武汉市光谷第十一小学　屈雅梦

音乐是小学课程中的实践性科目,"双减"政策的推进为音乐教学和作业设计提出了更高的要求,也为教学和作业提供了优化的方向和启发。教师应立足学生核心素养的培养,在作业设计中融合多种艺术形式,注重个性发展;搭建音乐赏析平台,强化作业趣味;实施分层设计考虑个体差异;设置不同作业主题,扩大音乐视野;强调合作学习理念,提高核心素养;设计自主探究作业,树立正确态度。将音乐学科作业设计作为强化学生艺术表现和素养的关键点,创新作业形式,为学生学习音乐、掌握技能铺平道路。

如何进行作业设计呢?在日常的集体教研活动中,音乐组全体教师进行集中研讨,总结出以下几个方面,并在展示课中加以呈现。

一、注重层次性和表现性

小学阶段的音乐教学与其他科目存在显著的差异,不同于语文、数学等学科,小学音乐教学具有艺术性和表现性特征。因此,教师无论是在教学还是作业设计中,都应注重体现音乐教学的艺术性、层次性和表现性,避免简单地采用与其他学科相同的教学模式,忽视学生音乐素养的提升。

在音乐学习的层次方面,学生在音乐学习的过程中需要循序渐进地掌握音乐知识和音乐技能，从基础的演唱方法、歌曲旋律学习，到对各种音乐形式和内容的分析与鉴赏，再到能够进行最基础的音乐形式创作，都需要一个逐步引导的过程。教师应在作业设计中将这些内容有机结合并实现自然的搭配和过渡，体现出作业设计的层次性，确保学生通过作业逐步提升音乐知识水平、鉴赏力和创作能力等，通过音乐作业的练习不断巩固、复习并掌握音乐知识与技巧，同时培养良好的情感态度与音乐学习习惯。

例如，在李诗曼老师执教《彝家娃娃真幸福》一课时，在歌曲教唱环节，她通过衬词解读、歌词接龙、重难点音高训练、跟琴演唱等环节，循序渐进地引导学生进行学唱，分层解决了歌曲演唱的问题。

在音乐学习的表现性方面，由于学生心智与思维尚未发展成熟，他们更加热衷于自己感兴趣的事物，也很难集中注意力。因此，教师应综合考虑学生的性格特点和学习特点，并结合音乐课程的特点，从学生的兴趣点出发，设计更为科学有效的作业内容，充分发挥学生的表现力，激发学生的表现欲，并给予学生更多表现的机会，通过舞台等形式为学生创设表现的平台，提升学生的表现力。

例如，《彝家娃娃真幸福》这一课讲的是彝族人民在欢度节日时表现幸福的场景。因此，在授课前，李老师让学生自行了解这个民族特有的风土人情，如房屋建筑、民族服饰、传统节日火把节等内容，并在教学过程中以歌曲导入的形式呈现，一首《赶圩归来阿里里》的现场展示，让学生身临其境地感受到了彝族地区人民的热情和多姿多彩的生活，深化了对这个民族的认知。同时，教师在课堂上的表现力也给学生做了很好的示范，让学生在后期的课堂展示中更为大方自信，充分体现了音乐学习的艺术表现性。

二、融合多门学科，丰富作业形式

在小学音乐作业设计中，由于受传统作业模式和观念的影响，教师在设计时往往在作业内容与形式上无法实现实质性突破，仍然存在千篇一律的弊端，与"双减"背景下的作业设计理念不符，无法达到减轻学生作业压力和提升作业质量的目标。因此，在设计小学音乐作业时，应结合学生的兴趣点和学习特点，创新作业设计内容，丰富作业形式，充分激发学生的学习兴趣和积极性，让学生在完成作业的过程中感受音乐的乐趣和魅力，养成主动学习音乐的良好习惯。

由于小学生缺乏耐心与定性，教师应以学生感兴趣的事物为出发点，将学科进行融合，注重作业的趣味性与多样性，促使学生积极主动地完成作业。

首先，可以融合的是美术学科。例如，袁兵老师在执教《鸭子拌嘴》一课时，她给学生准备了大鸭子和小鸭子的头饰，并在上课时分发给学生，学生戴上头饰后能更清晰地理解自己的角色，在音乐欣赏的过程中可以更有针对性地感知音乐。再比如，巩梦羽老师在执教《咏鹅》一课时，事先布置了作业让学生在家准备大白鹅的头饰，然后在课堂展示环节，学生戴上自己制作的头饰，在表现大白鹅优美的舞姿时更加生动逼真。

其次，音乐学科还可以与语文学科融合。例如，巩老师在执教《咏鹅》这一课时，她将骆宾王的唐诗《咏鹅》作为新的教学内容，让学生从熟悉的古诗作品中开始学习，激发学生的学习兴趣。

最后，音乐学科还能与舞蹈相融合，在拓展环节进行舞蹈动作设计，丰富音乐课堂。例如，毛宇老师在执教《小巴郎，童年的太阳》这一课的课后拓展环节中，学生学会演唱歌曲后，她示范出四个新疆舞蹈动作，让学生根据歌曲的乐句划分并设计相应的舞蹈，最终，学生通过一场盛大的歌舞表演呈现了自己的成果。

丰富音乐作业形式不仅有利于激发学生的学习兴趣，而且有利于提升作业完成的质量，发挥音乐作业对学生学习效果的提升作用。

三、完善作业评价机制，促进学生素养提升

教师对学生的作业评价也是优化小学音乐作业设计的重要方式，可以

体现在课堂评价和课后作业的点评等方面。例如，音乐学科每周开展的课后服务课程，有歌唱类也有器乐类，学生需要在课堂之外进行自主练习。相应地，老师也会在社团群里布置有针对性的作业，引导学生完成并及时提供反馈。

最终的社团展演包括学生录制的MV视频，实际上也是作业的一种呈现形式。通过参与活动，学生获得了舞台经验，感受了艺术独有的美，同时也展现了他们的综合素养。

在音乐作业设计和作业评价过程中，教师应遵循新课程标准的要求，转变传统的教育理念，完善作业评价机制，采用多样化的评价方式，提高作业评价的全面性和公正性，实行鼓励式教育，发现每个学生身上的闪光点，及时鼓励和引导学生发挥自身优势，克服不足，促进学生学习水平和综合素养的全面提升。

聚焦数学核心素养，走进快乐实践场

武汉市光谷第十一小学　陈安琪　王文华

《数学课程标准（2022年版）》指出"通过义务教育阶段的数学学习，学生逐步会用数学的眼光观察现实世界，会用数学的思维思考现实世界，会用数学的语言表达现实世界"。让学生获得适应未来生活和进一步发展所必需的数学基础知识、基本技能、基本思想、基本活动经验；体会数学知识之间、数学与其他学科之间、数学与生活之间的联系，在探索真实情境所蕴含的关系中，发现问题和提出问题，运用数学和其他学科的知识与方法分析问题和解决问题。

随着课程改革的不断深入，发展学生数学核心素养已经成为当下数学教学的重要研究方向。数学作业设计作为数学教学的重要环节，对巩固课堂所学知识内容、发展学生数学核心素养具有重要作用。因此，教师在进行数学作业设计时，不仅要关注学生数学知识的巩固、基本技能的提升、基本思想的感悟，还要关注学生数学核心素养的发展。笔者在阐述人教版五年级上册数学作业设计理念及具体措施的基础上，探讨了基于数学核心素养的作业设计。

一、说数学——小讲师

我国著名教育家陶行知先生提出"小先生制"，他强调儿童既是学习者也是传授者，"小先生"将所学知识教授给其他同伴，通过教授他人来加深自己对知识的理解和掌握，鼓励儿童在实践中学习，强调儿童之间的相互学习和合作，有助于提高儿童的沟通能力和文化素养，是一种创新的教学组织和学习方式。尽管"小先生制"起源于20世纪30年代的中国，但在当前的教育体系中仍然具有一定的现实意义，通过借鉴学习，笔者对"数学小讲师"培养策略进行了深度探究，以期提高学生自主学习、深度学习的能力，提升学生学习质量。

基于此，2023年暑假，笔者布置了一项"选拔小讲师"暑期活动：学生自主申报，教师精挑细选，最终确定10位班级小讲师，并颁布聘书。在本学期的周末练习中，笔者会根据一周所学难题，指定小讲师们录制讲解小视频，教师审核通过后，将视频转换成二维码发布在班级群中，方便学生观看，帮助那些基础薄弱的同学查漏补缺。五年级数学有一定难度，部分家长苦于不知如何讲解，小讲师的视频有效缓解了他们的辅导压力，获得了家长们的一致认可。此外，在学校里，小讲师们还会给小徒弟们讲解题目（见图1），用他们的语言进行交流。面对小讲师，徒弟们也会更加放松，更乐于提出自己的疑问。小讲师们耐心的教学，使得许多原本是徒弟的学生也能"晋升"为小讲师，提升了班级凝聚力。

费曼学习法强调，将所学的东西讲给别人听，如果能讲清楚，就代表已经学会了。基于此，笔者每周会将小讲师的讲解视频转换成二维码发送到班级群里，家长和学生可以通过扫描二维码观看小讲师耐心讲解的每一道易错题，笔者还精心设计了"小讲师图标"，以规范小讲师制度。经过一段时间的培训，小讲师们先仔细读题、圈出关键信息，分析题意、列式解答，能够做到一气呵成，讲题能力得到了显著提升，有一次，我们还在办公室里感叹：有些孩子还没有小学毕业，就已经获得教师资格证了（见图2）！因为小讲师们讲得好总能得到老师的正面强化，小讲师们的积极性更高了，线上线下讲题同步进行，课间小讲师会拉着小徒弟讲解题目，小徒弟听懂了就讲给小师父听，正是由于这项作业，班级的学习氛围变得更加浓郁。

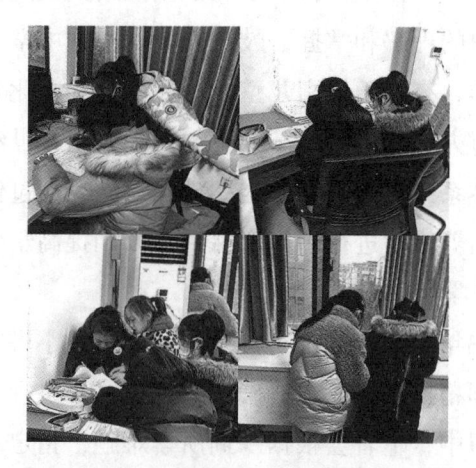

图1　小讲师们认真讲解习题

图2　小讲师们荣获聘书

二、趣数学——实践作业

为了进一步激发学生的数学兴趣，提高学生学习的自主性，除了小讲师制度，笔者本学期还设置了快乐购物、分段计费和数学大富翁的实践活动，让学生在活动中巩固知识。教师们通过实践发现：一次优质的作业设计比刷题的效果还要好！

聚焦数学核心素养，走进快乐实践场

（一）快乐购物，妙在其中

小数乘法是五年级上册的重难点之一，学生掌握了小数乘法后，笔者设计了快乐购物的实践活动（见图3、图4），让学生体验小数乘法在生活中的应用。在活动开始前，笔者引导学生制定一份详细的购物计划和购物清单，让学生计算出大致的购物预算；在活动过程中，学生走进超市，亲身体验购物过程，了解每一样食材的价格，做好翔实的记录，并通过所学知识进行计算得出总费用；活动结束后，笔者为学生提供自我展示的机会，让学生自主分享自己的实践感受，学生们纷纷表示，他们不仅体验到了购物的乐趣，在实践中进一步巩固了小数乘法的知识，还了解到超市按四舍五入法收费，认识到数学既源于生活，又服务于生活！

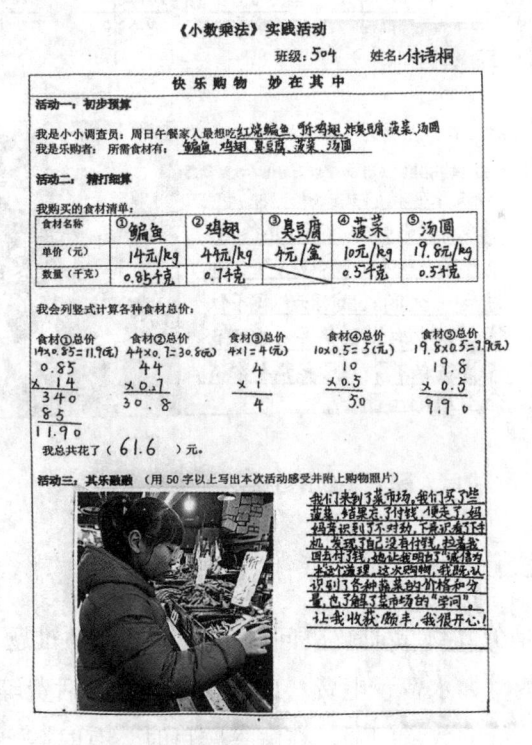

图3 快乐购物，妙在其中

《小数乘法》实践活动

班级：501　　姓名：张俞芯

快 乐 购 物　妙 在 其 中

活动一：初步预算

我是小小调查员：周日午餐家人最想吃 红烧羊肉、炒小白菜

我是乐购者：所需食材有： 羊肉、胡萝卜、白菜、生姜、大蒜

活动二：精打细算

我购买的食材清单：

食材名称	① 羊肉	② 胡萝卜	③ 小白菜	④ 生姜	⑤ 大蒜
单价（元）	66元/千克	16.8/千克	11元/千克	20元/千克	6元/千克
数量（千克）	0.75千克	1千克	0.5千克	0.025千克	0.02千克

我会列竖式计算各种食材总价：

食材①总价

66
×0.75
330
462
49.50

食材②总价

16.8
× 1
16.8

食材③总价

11
× 0.5
5.5

食材④总价

20
×0.025
0.500

食材⑤总价

6
×0.02
0.12

我总共花了（ 72.42 ）元。

活动三：其乐融融　（用 50 字以上写出本次活动感

今天上午我们去山姆采购了许多食材，而中午我们就准备用其中的一些材料来做午餐。通过这一次的实践活动，我不仅体会到了购物的快乐，也明白了挣钱的不易，以后我得把钱花在有用的东西上。

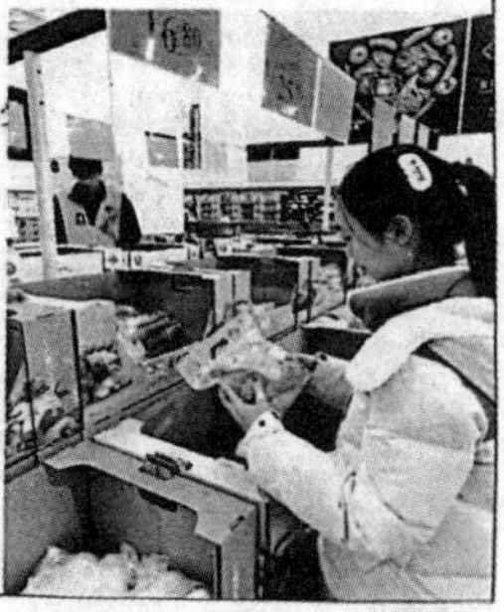

图4　《小数乘法》实践活动

（二）分段计费，突破难点

分段计费是五年级上册解决问题中较为复杂的难题，部分生活问题都涉及分段计费，如水费、电费、出租车收费、电话费等。计算的核心是单价、数量和总价的数量问题。在解答题目时，有时需要正向求总价，有时需要反向求单价，时常让部分学生感到困惑，笔者为了帮助学生突破这一重难点，设计了“生活中的分段计费”实践活动，让学生自主寻找生活

中分段计费的应用，引导学生主动设计相关问题并解答，学生通过调查与思考，设计了快递邮费、出租车计费、水费和电费等分段计费问题（见图5）。这次实践活动在增强数学学习趣味性的基础上，进一步深化了学生对分段计费问题的理解。

图5 生活中的分段计费

（三）数学大富翁游戏

为了增强数学学习的趣味性，充分调动学生学习积极性，笔者前期做过思维导图、知识树、错题宝典等实践活动（见图6），取得了良好的教学效果。本学期，笔者经过深度思考与探究，尝试以数学大富翁游戏为载体，引导学生尝试自己动手整理重点、难点题目，并通过游戏通关的方式激发学生的参与积极性。

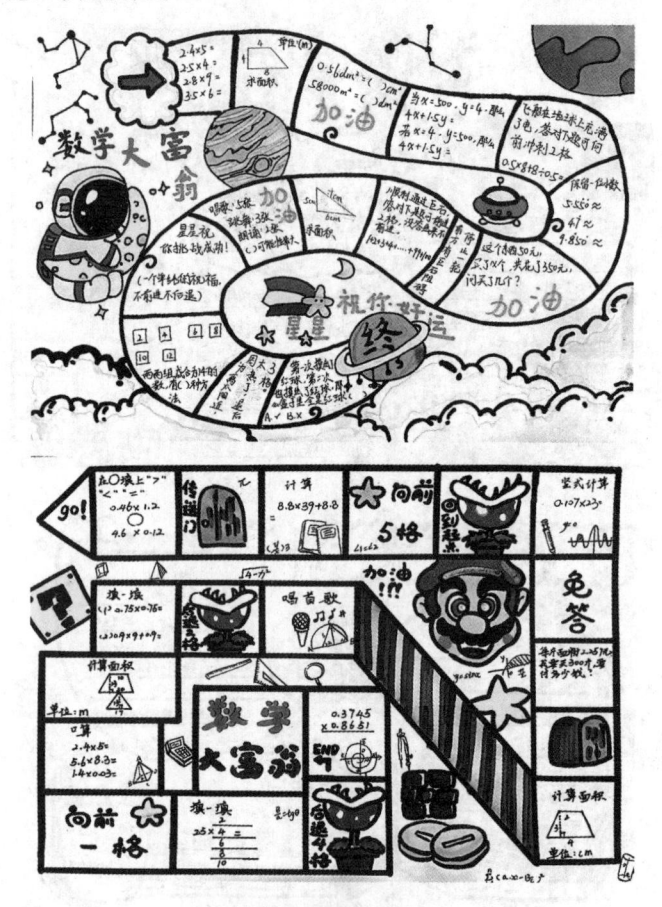

图6 数学大富翁

三、项目式数学——数对巧构思

数对是我们五年级上册第二单元的内容，为了让学生及时巩固数对知识，在寒假作业设计中，笔者特意增设了一项实践作业，让学生以绘制旅游路线图的方式，自主探究数对知识在现实生活中的运用。以杭州西湖为例，学生需将自己游览过的地方绘制成坐标图，并将沿途照片剪贴到地图上，并对景点做简要介绍，尝试用数对描述自己的游览路线，写一篇数学日记（见图7）。例如，我从少年宫（9，10）出发，绕着西湖按顺时针方向来到了涌金门（10，6），向南走了2km，向西走了1km抵达雷峰塔……引导学生用"数对"绘图，用"数对"表达想法，感受用"数对"创造美的乐趣，同时也为六年级方向与位置相关知识的学习奠定了基础。

绘制旅游路线图

A. 寒假里你都去了哪些地方玩呢？下图是我去过的地方，你知道它是哪里吗？——杭州西湖。你能像我一样，为你去过的地方也绘制一幅坐标图吗？（可以将沿途的照片剪贴到地图上，并对景点作简要介绍。）

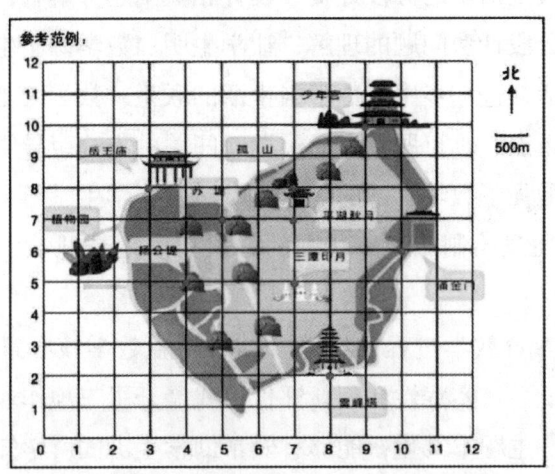

B. 请用数对来表述自己的游览路线。（尝试写一篇数学日记吧。）

参考范例：
　　　　1月28日　　　　星期六　　　　天气晴
　　我从少年宫（9，10）出发，绕着西湖按顺时针方向来到了涌金门（10，6）。再往南走了2km，往西走1km到了雷峰塔，塔好高啊，塔底真的压了白娘子吗？接着……

图7　绘制旅游路线图

数对知识的项目式学习，渗透"数形结合"思想，能够促进学生空间观念的发展，培养学生的想象力和创造力，提高学生用数学的眼光发现美、创造美、欣赏美的能力，这种学习方式有助于拓宽学生的思维，开阔他们的视野，引导学生将所学知识应用于生活中，可谓学以致用，用以促学，让学生充分感受数学之奇妙。

说数学，让学生自己当小讲师，不仅拓展了他们的数学知识，让他们在持续地输入与输出的过程中，发展自主学习能力、问题解决能力、语言表达能力和实践创新能力，极大增强了学生学习数学的兴趣和信心，也培养了他们的友善、团结等优秀品格，切实促进了学生自主深度学习和深度思考的能力，提升了学生的数学核心素养；趣数学，让学生通过快乐购物体验小数乘法在生活中的应用，知道了超市按四舍五入法收费，分段计费让学生自主寻找生活中的分段计费，设计相关问题并解答，通过实践进一步深化学生对分段计费问题的理解，让学生明白数学源于生活、服务于生活，又高于生活，进一步感受数学与生活的联系，数学大富翁以娱乐形式引导学生整理重点、难点题目，通过游戏闯关的方式引导学生突破重难点知识，进一步增强了数学学习的趣味性，激发了学生学习数学的积极性；项目式数学则通过绘制旅游路线图的方式巧妙地帮助学生及时巩固数对知识。

在实际的教育教学过程中，笔者结合学生数学核心素养的发展，基于层次性、情境性、实践性和创新评价形式展开了三项作业设计。作业设计形式多元化，主题丰富化，能够有效帮助学生巩固所学知识，深化学生对知识点的理解。有趣的作业设计让学生不再把作业视为一项任务，而是变得"更营养、更美味"，让学生更乐意去"享用"！这样的设计符合数学核心素养"会用数学的眼光观察现实世界，会用数学的思维思考现实世界，会用数学的语言表达现实世界"的要求，笔者期待在未来的教育教学中能够从作业设计的内容与形式出发，进一步拓宽作业设计的思路，有效促进学生数学核心素养的发展。

和作业对话
——"每日一问"启发学生的数学思考

武汉市光谷第十一小学　马艺菲

笔者所在的两个班级加起来共有105个孩子，理论上不能把孩子分为A、B、C三个等级。但是在面对相同的作业单时，总会有学习能力较弱的孩子出现不会做的情况。笔者常在想，当学生在家做作业遇到题目无法解答时，应该怎么办？是简单地通过手机扫一扫，将答案原封不动地照搬到书上交差？还是找父母求助？或者空着等老师"投喂"？无论采取哪种解决方案，都无法及时解决学生在家做作业时的困惑。

随着年级的升高，练习题量也随之增加。练习课堂上，教师也无法讲解全部的习题。练习课上选取的通常是多数学生出错的共性问题，对于学生个别化的错误，教师难以顾及。那么，如何尽可能多地帮助学生解决困惑呢？笔者认为我们应多给学生提问的机会，让他们把作业中的困惑表达出来。

于是我开始鼓励学生在家庭作业中大胆提问。具体做法非常简单，就是在每一页最上方的空白处写一个"问"字，在"问"字的后面提出问题。起初，学生提问的兴致并不高，甚至有学生直接在作业本上写道："我提不出问题。""我就是不会。""我全家都不会，我也不知道怎么写。"这一类的孩子思路中断，可能题目都没有读懂。也有一些学生提出的问题与作业中的内容相距甚远，如"哥德巴赫猜想是什么""黄金比是什么""为什么厘米、分米和米的进率是十，米和千米的进率却是一千？有百米和十米这样的计量单位吗？"对于这些问题，我建议学生自己上网查阅资料。显然，若要让提问变得更有价值，教师需要进行引导。一方面，我要求学生结合当前学习的内容提出问题，例如，今天的新课内容你有什么疑惑？本页练习题中你遇到了哪个题目不太清楚？具体哪一步不清楚？是没有读懂题意？还是没有梳理出数量关系？又或者是有用的信息没有提取出来？这一环节的重点在于让学生进行自我反思，弄清楚自己真正在哪一步遇到了困难。而不是简单的一句"我不会"就草率地带过了。通过这样的方式，也可以逼迫学生进行正向思考。另一方面，我会对学生提出的问题及时给予针对性的评价，给"好问题"打上五角星，读给班里的孩子听。在赏析"问题"的过程中，引导学生逐步学会提出有价值的问题。

慢慢地，我发现学生的参与度有了显著的提高，学习能力较强的孩子也纷纷加入进来。他们会把一个题目的多种解法写在作业纸上，并附上自己的解题思路。我会回应："你用不同的方法解决了同一个问题，真会思考。明天可以请你上台讲解这道题目吗？"后来参与的人越来越多，我会授予他们"小讲师奖章"以鼓励他们勇敢表达数学观点。有些学生从一开始连话都不爱说，如今却愿意表达内心的想法了。"解方程我用妈妈教的方法（移项）算对吗？""这道题我不用列方程的方法解决可以吗？"虽然这些问题可能没有特别大的价值，但它们却是学生真实的困惑。我很高兴学生愿意开口与我诉说内心的想法。这种纸笔的交流有种神奇的魔力。在大班制的教学背景下，我总觉得与学生的沟通交流不够充分。课堂上那些不善言辞的孩子，在一天甚至一周的学习中，都没有机会在课堂上举手发言与老师进行面对面的交流。所以看到他们的提问，我感到非常满足，这是师生之间非常有意义的互动。

在学生的提问中，其实也有些问题在课堂上已经讲过了。尽管学生似乎听懂了，但从理解到独立实践还需要很长的一段路。对于这样的问题，我都竭尽所能一一回复。通过这样的书面沟通，笔者也能发现学生对某个知识点真正困惑在哪里，可以更好地帮助笔者在练习课上直击要点，这也可以看作是一次非常有意义且高效的学情调查。

诚然，每次作业让学生提一个问题不可能解决学生所有的困惑，但我认为不能因此否定这样做的价值。有这样一个故事。暴风雨后，海边沙滩的浅水洼里，有许多被卷上岸的小鱼。一个小男孩不停地捡起小鱼扔回大海，有人劝他："孩子，这水洼里有成百上千条小鱼。你救不过来的。""我知道。"小男孩回答。"那你为什么还在扔？谁在乎呢？""这条小鱼在乎！"男孩一边回答，一边捡起一条小鱼扔回大海。学生的问题或许也有成百上千，"每次一问"只能解决有限的问题。但不可否认的是，至少可以解决学生提出的这一个问题。解决的这个问题就像那条被扔回大海的小鱼一样，笔者相信，提问者本人是在乎的！

孩子天生就是爱提问的。从牙牙学语开始，他们就会围着大人不停地问"为什么"。孩子提问的过程就是启动大脑思考的过程。让学生在每次作业中提一个问题，就是要给他们一个安全的提问环境，培养他们提问的热情。"每次一问"让学生有机会写出困惑，教师可以针对学生的"困惑点"进行精准指导。更为重要的是，在这个过程中，学生逐步养成了质疑和提问的习惯，从而提升了他们发现和提出问题的能力。笔者希望这些微小的举动可以让更多的孩子把数学表达出来，用数学的眼光和思维去理解这个现实世界！

基于量感发展的估测教学与实践作业设计
——以小学数学三年级上册《估计长度》为例

武汉市光谷第十一小学　庄兆坤

在新课标以学生核心素养发展为导向的整体要求下，数学学科的"三会"：会用数学的眼光观察现实世界，会用数学的思维思考现实世界，会用数学的语言表达现实世界，在不同学段和不同内容中有了不同的要求。

核心素养在小学阶段更注重意识的培养，更关注学生主体经验的感悟与积累。具体表现在图形与几何领域，就是对"量感"这一核心素养表现的提出。新课标将"量感"与"数感"区别开，体现了对量与测量的特别的关注。

量感主要是指事物的可测量属性及大小关系的直观感知。

一、基于量感发展的《估计长度》学习方式

人教版小学数学三年级上册的"测量"单元处于测量学习的第二阶段——理解测量。它是基于学生在二年级已经初步认识长度单位"厘米"和"米"以及质量单位"克"和"千克"，经历了测量的第一阶段之后的进一步学习。从第一学段的"初步形成量感"，到第二学段的"增强量感"和"形成量感"，强调了学生随着认知发展，在不断丰富的图形认识与测量活动中，不断积累经验，深化联系。

然而，在进入第二学段时，学生接触到更大的长度单位"千米"，

有限的生活经验和较大单位的感知难度，学生较难理解，不易形成对"千米"的感知和表象。2022年新课标公布之后，人教版小学数学教材也做了修订，在学生认识了长度单位"千米"之后，增加了《估计长度》这一课时内容，让学生联系生活实际问题，通过估测进一步体验较大长度单位在测量中的优势，也进一步巩固学生对估测和测量方法的理解。

对于这一课时内容的教学，大多依靠学生较为随意的估测经验或直接应用教材中的估测方法，通过想象进行抽象感知。学生难以真正体验估测的意义和价值，更没有机会改进估测的方法，积累相关的经验。

基于以上综合因素，将本课时设计为数学探究课并以实践作业撬动课堂学习，以期通过数学探究活动的方式，调动学生参与式、探究式的体验估测活动，积累估测经验，发展量感和空间观念。

二、《估计长度》探究式学习与作业目标

人教版小学数学三年级上册第3单元测量第6课时《估计长度》，课程内容属于第二学段图形与几何领域"图形的认识与测量"主题（见图1和表1）。根据该课时的内容和课标要求，关注学生自主探究学习方式的展开，学生通过实践作业的形式实现量感意识的生长目标，为此，教师拟定了以下探究式学习及实践作业的目标。

（1）通过小组合作的方式，学生参与选择估测标准的探究活动，知道选择的标准不同，估测的结果可能会出现较大差异，了解不同的估测方法，通过对比，能选择合适的估测标准，形成量感。

（2）学生利用小组确定的估测标准估测学校足球场的长度，并与实际测量结果进行比较，掌握一种估测方法，学生归纳总结探究过程中的问题，积累估测活动经验，培养学生的推理意识和数据意识。

（3）学生在活动中学会小组合作完成探究任务，学生能充分参与整个探究过程，并对自己的探究学习进行评价与反思，发展批判性思维。

图1 "图形的认识与测量"相关要求与本课时内容

表1 《义务教育数学课程标准（2022年版）》中"图形的认识与测量"相关要求

学段	学段目标中对"图形与几何领域"的目标要求	有关"图形的认识与测量"的内容要求	有关"图形的认识与测量"的学业要求
第一学段	能辨认简单的立体图形和平面图形，认识长方形和正方形的特征，体验物体长度的测量过程，认识常见的长度单位，形成初步的量感和空间观念	（1）通过实物和模型辨认简单的立体图形和平面图形，能对图形分类，会用简单图形拼图 （2）结合生活实际，体会建立统一度量单位的重要性，认识长度单位米、厘米。能估测一些物体的长度，并进行测量 （3）在图形认识与测量的过程中，形成初步的空间观念和量感	能辨认长方体、正方体、圆柱、球等立体图形，能直观描述这些立体图形的特征；能辨认长方形、正方形、平行四边形、三角形、圆等平面图形，能直观描述这些平面图形的特征。能根据描述的特征对图形进行简单分类 会用简单的图形拼图，能在组合图形中说出各组成部分图形的名称；能说出立体图形中某一个面对应的平面图形。形成初步的空间观念 感悟统一单位的重要性，能恰当地选择长度单位米、厘米描述生活中常见物体的长度，能进行单位之间的换算；能估测一些身边常见物体的长度，并能借助工具测量生活中物体的长度。初步形成量感

基于量感发展的估测教学与实践作业设计
——以小学数学三年级上册《估计长度》为例

续表

学段	学段目标中对"图形与几何领域"的目标要求	有关"图形的认识与测量"的内容要求	有关"图形的认识与测量"的学业要求
第二学段	认识常见的平面图形，经历平面图形的周长和面积的测量过程，探索长方形周长和面积的计算方法；了解图形的平移、旋转和轴对称；<u>形成量感、空间观念和初步的几何直观</u>	（1）结合实例认识线段、射线和直线；体会两点间所有连线中线段最短，知道两点间距离；会用直尺和圆规作一条线段等于已知线段；了解同一平面内两条直线的位置关系 （2）结合生活情境认识角，知道角的大小关系；会用量角器量角，会用量角器或三角板画角 （3）认识长度单位千米，知道分米、毫米；认识面积单位厘米^2、分米^2、米^2；能进行简单的单位换算；<u>能恰当地选择单位估测一些物体的长度和面积，会进行测量</u> （4）认识三角形和四边形，会根据图形特征对三角形和四边形进行分类 （5）结合实例认识周长和面积；探索并掌握长方形、正方形的周长和面积的计算公式 （6）能根据具体事物、照片或直观图辨认从不同角度观察到的简单物体 （7）<u>在图形认识与测量的过程中，增强空间观念和量感</u>	能说出线段、射线和直线的共性与区别；知道两点间所有连线中线段最短，能在具体情境中运用"两点之间线段最短"解决简单问题；能辨认同一平面内两条直线是否平行或垂直；能辨认从不同角度观察简单物体所对应的照片或直观图。形成空间观念和初步的几何直观 会比较角的大小；能说出直角、锐角、钝角的特征，能辨认平角和周角；会用量角器测量角的大小，能用直尺和量角器画出指定度数的角；会用三角板画30°，45°，60°，90°的角 会根据角的特征对三角形分类，认识直角三角形、锐角三角形和钝角三角形；能根据边的相等关系，认识等腰三角形和等边三角形。能说出长方形、正方形、平行四边形、梯形的特征；能说出图形之间的共性与区别。形成空间观念和初步的几何直观 能描述长度单位千米、分米、毫米，能进行长度单位之间的换算；能在真实情境中选择合适的长度单位。能通过具体事例描述面积单位厘米2、分米2、米2，能进行面积单位之间的换算 经历用直尺和圆规将三角形的三条边画到一条直线上的过程，直观感受三角形的周长，知道什么是图形的周长；会测量三角形、长方形和正方形的周长；会计算长方形、正方形的周长和面积 <u>在解决图形周长、面积的实际问题过程中，逐步积累操作的经验，形成量感和初步的几何直观</u>

续表

学段	学段目标中对"图形与几何领域"的目标要求	有关"图形的认识与测量"的内容要求	有关"图形的认识与测量"的学业要求
第三学段	探索几何图形面积和体积的计算方法，会计算常见平面图形的周长和面积，会计算常见立体图形的体积和表面积；能用有序数对确定点的位置，进一步认识图形的平移、旋转和轴对称；形成量感、空间观念和几何直观	（1）知道三角形任意两边之和大于第三边；知道三角形内角和是180° （2）认识圆和扇形，会用圆规画圆；认识圆周率；探索圆的周长和面积计算公式，能解决简单的实际问题 （3）知道面积单位千米^2、公顷；探索并掌握平行四边形、三角形和梯形的面积计算公式；会估计不规则图形的面积 （4）通过实例了解体积(或容积)的意义，知道体积(或容积)的度量单位，能进行单位之间的换算；体验不规则物体体积的测量方法 （5）认识长方体、正方体和圆柱，了解这些图形的展开图，探索并掌握这些图形的体积和表面积的计算公式，认识圆锥并探索其体积的计算公式，能用这些公式解决简单的实际问题 （6）对于简单物体，能辨认不同方向(前面、侧面、上面)的形状图 （7）在图形认识与测量的过程中，进一步形成量感、空间观念和几何直观	探索并说明三角形任意两边之和大于第三边的道理；通过对图形的操作，感知三角形内角和是180°，能根据已知两个角的度数求出第三个角的度数。会计算平行四边形、三角形、梯形的面积，能用相应公式解决实际问题 会用圆规画圆，能描述圆和扇形的特征；知道圆的周长、半径和直径，了解圆的周长与其直径之比是一个定值，认识圆周率；会计算圆的周长和面积，能用相应公式解决简单的实际问题 认识长方体、正方体和圆柱，能说出这些图形的特征，能辨认这些图形的展开图，会计算这些图形的体积和表面积；认识圆锥，能说出圆锥的特征，会计算圆锥的体积；能用相应公式解决简单的实际问题，形成空间观念和初步的应用意识 能说出面积单位千米^2、公顷和体积单位米^3、分米^3、厘米^3，以及容积单位升、毫升，能进行单位换算，能选择合适单位描述实际问题 对于简单物体，能辨认不同方向(前面、侧面、上面)的形状图，能把观察的方向与相应形状图对应起来，形成空间观念

三、探究式学习作业的设计与实施

（一）课前探究作业：找准认知起点，让量感可生长

学生在第一学段，通过"认识钟表""长度单位"等内容的学习，已经开始积累量与计量的相关经验。学生在"认识厘米"的过程中，已初步

基于量感发展的估测教学与实践作业设计
——以小学数学三年级上册《估计长度》为例

体验了计量的过程，认识到了统一计量单位的重要性。但是对于不同计量单位的直观感知和表象建立仍存在模糊不清、难以辨别的问题。

通过长度单位的学习，结合生活经验，学生利用"身体尺"，以具身经验来体验和感知测量的过程，帮助学生在具身体验中孕育量感，形成对量的初步认识。

到第二学段，学生从对长度单位"厘米""米"的认知扩展至"分米""毫米""千米"，同类量的计量单位不断丰富，长度单位的内涵不断充实。

当接触更大的长度单位"千米"时，学生现有的生活经验限制了对"用单位来度量"的理解和感知。在这种情况下，用数学探究来丰富学生对较大长度单位的感知，进一步体验估测与测量活动，帮助学生增进具身体验，形成多元表征，具有重要意义。

学生通过参照物的长度、步行的步数和步行的时间来感受"千米"，实际就是以估测体验来形成对较长的长度单位的表象。

基于学生的认知特点和学习经验，从认识较大的长度单位"千米"，到结合学生生活经验，提出"从家到学校的距离是比1千米长还是比1千米短？"这个问题，教师设计了"课前探究作业"（见图2）：尝试通过步行，估测从家到学校的距离，记录步数和时间。学生带着"身体尺"的估测经验，开始了自己的估测探究。

※ 课前探究作业

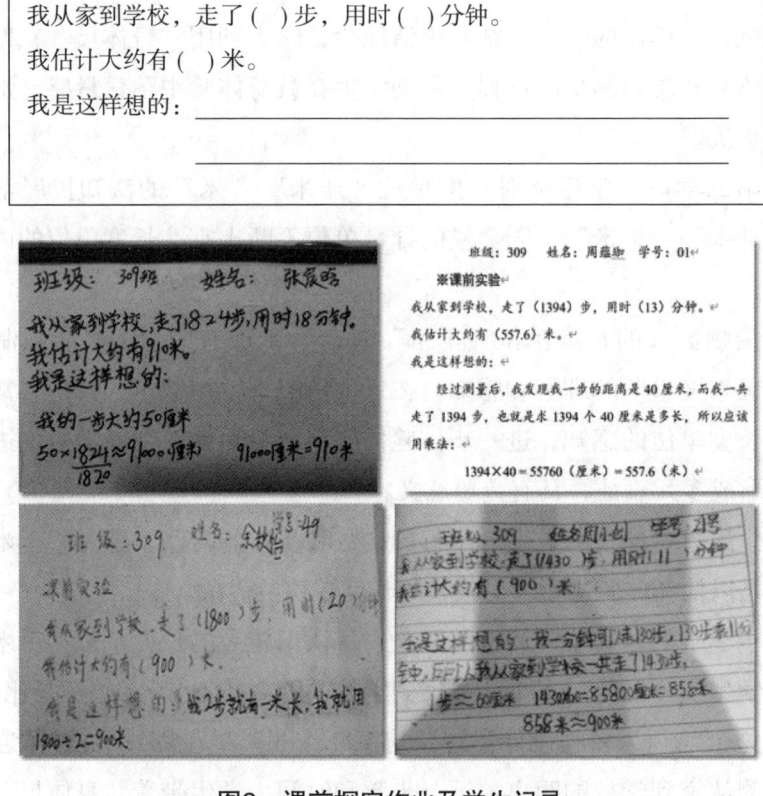

我从家到学校，走了（　　）步，用时（　　）分钟。

我估计大约有（　　）米。

我是这样想的：_____

_____

图2　课前探究作业及学生记录

（二）确定测量标准，让量感可量

从生活实际问题出发，用数学的眼光观察现实世界，学生由此确定了本次探究活动的对象——估测较长的距离。

通过分享与展示课前探究作业的记录，学生认识到从家到学校的距离较长，多数学生以自身步幅作为估测标准。选择的估测标准不同，估测的结果也不同。由此，学生开始质疑估测标准的准确性，在不同的估测标准中，是否有更合适的标准，能提高估测结果的准确性，更接近实际的长度？

- 82 -

1.课中探究作业一：选择估测标准

基于学生的疑问，教师设计了课中探究作业一：选择估测标准（见表2）。

表2 选择估测标准

三选一打"√"	探究方法	在选择的标准下打"√"	探究次数		
			第1次	第2次	第3次
	计步法	走（10米 50米 100米）的步数			
	计速法	走（1分钟 2分钟 3分钟）的距离			
	计时法	走（10米 50米 100米）的时间			

有三种方法供学生选择，学生通过学习小组合作完成探究。

方法1计步法和方法3计时法，是以行走确定长度的步数和时间作为标准；方法2计速法，是以不同时间行走的距离作为标准。这三种探究方法都是运用单位迭代的策略来进行估测的。在探究操作中，估测和实际测量的活动是同时进行的。

学生在探究开始前，以小组合作的方式进行探究分工，明确不同分工的责任。在探究操作中，小组成员按照探究操作步骤有序进行探究，并及时记录探究结果。

2.探究方法

（1）计步法：先测量一段距离10米（或50米、100米），从起点开始一人沿直线，以正常步幅行走，一人跟随数步数，另一人在终点等待做记录。

相同距离，同一人可以走2次、3次，分别记录下来。

采用哪一次的步数作为标准，小组自行决定。

计算出从家到学校的估测距离，以米为单位。

（2）计速法：一人手持测量轮从起点开始，用秒表计时，以正常速度不间断行走1分钟（或2分钟、3分钟），另一人跟随记录下1分钟（或2

分钟、3分钟）行走的距离。

以1分钟（或2分钟、3分钟）行走的距离为标准，小组自行决定。

计算出从家到学校的估测距离，以米为单位。

（3）计时法：选择一段距离（10米、50米、100米），固定起点和终点，一人从起点开始沿直线走向终点，一人用秒表计时，另一人在终点处记录下行走到终点的时间。相同距离，同一人可以走2次、3次，分别记录下行走时间。

采取哪一次的时间作为标准，小组自行决定。

计算出从家到学校的估测距离，以米为单位。

3.探究过程

完成探究作业的过程中，老师鼓励用多种方法探究，同一方法尝试多次。小组成员在同一方法的3次探究中发现探究数据的不稳定、估测和测量活动中存在误差的可能原因。操作完成了2种或3种方法的小组，在选择哪一个估测标准更合适的时候，他们发现从多次探究中挑选数据波动不大的方法比较合适，而同一方法的3次探究中，挑选数据居中的哪一个比较合适（见图3）。

探究操作和数据分析的严谨性，在学生探究过程中不断表现出来。从原来用"身体尺"简单累加的估测，到反复探究，理性筛选之后的估测标准的确定，学生在反思推理、调整优化中，将量感从感性推向了理性发展的层次。

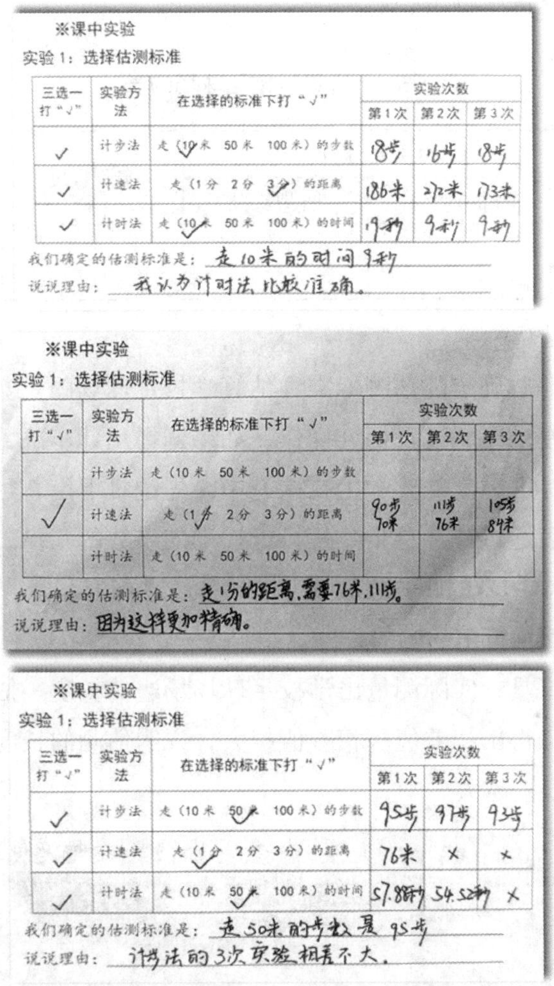

基于量感发展的估测教学与实践作业设计
——以小学数学三年级上册《估计长度》为例

图3 课中实验 选择估测标准

（三）方法检验与应用，让量感可见

1.课中探究作业二

学生在探究作业一经历了操作、对比、分析、判断和调整之后，确定了小组认可的估测标准。不同小组对估测标准的选择也不一致，那么估测的标准能否更准确地估测长度呢？由此，教师设计了探究作业二：估测学

校足球场地的长度（见表3）。

表3　估测学校足球场的长

确定的估测标准	探究分析		实测长度	相差值
	标准的个数	估测长度		

2.探究过程

用探究作业一确定的估测标准，估算学校足球场的长。需要学生在理解估测标准的基础上，进行探究操作。如果选择用计步法，以行走10米的步数作为估测标准，就需要学生在探究中，先记录下沿着足球场的长行走的总步数，然后通过计算总步数是行走10米的步数的几倍，就能推理出足球场的长是几个10米的距离了（见图4）。通过探究分析，计算出估测标准的个数，进而推算出估测的长度。

再用测量工具，实际测量出学校足球场场边的长度。估计长度和实测长度进行比较，得出相差值。相差值越大，说明估测的长度距离实际长度越远，估计的误差越大。

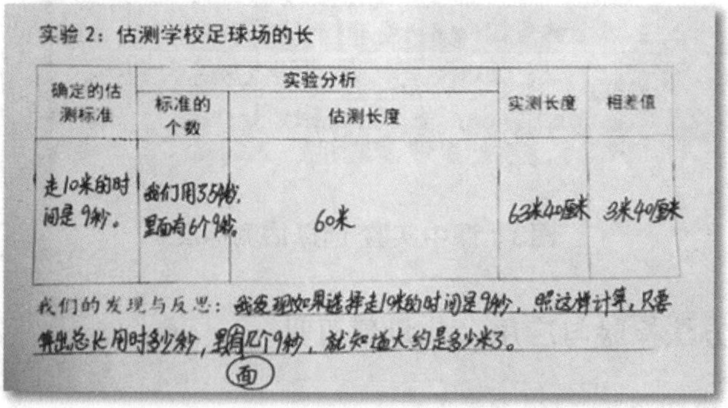

实验2：估测学校足球场的长

确定的估测标准	实验分析		实测长度	相差值
	标准的个数	估测长度		
走10米的时间是9秒。	我们用35秒，里面有6个9秒。	60米	63米40厘米	3米40厘米

我们的发现与反思：我发现如果选择走10米的时间是9秒，照这样计算，只要算出总长用时多少秒，里面有几个9秒，就知道大约是多少米了。

图4　计步法估算学校足球场的长

3.探究结果分析

在探究过程中，有小组将第一次探究中确定的“走10米的时间是9

基于量感发展的估测教学与实践作业设计
——以小学数学三年级上册《估计长度》为例

秒"作为估测标准,沿着足球场的长边行走了54秒,相当于有6个估测标准,得出估测长度是6个10米,即60米。这与实际测量的长度63米40厘米,只有3米多的差距。他们小组估测的结果是几个小组中最接近实测长度的。

其他小组在方法检验的过程中,发现与实测长度偏差超过10米,他们也进行了积极的反思。比如所选估测标准比较大,不适合足球场的长这种较短距离的估测,还发现需要综合利用步数、时间这些方法才能更准确地估测(见图5)。

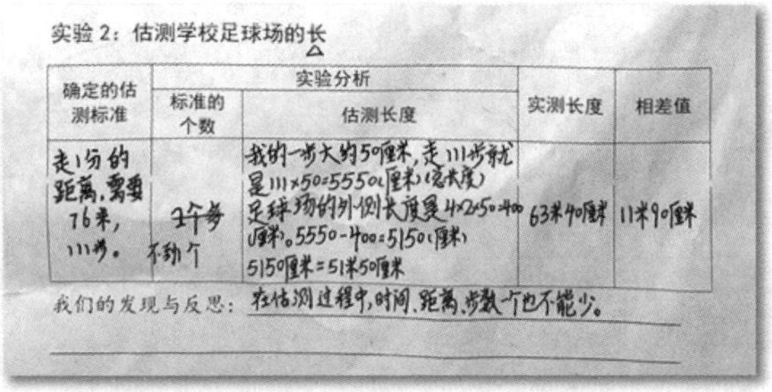

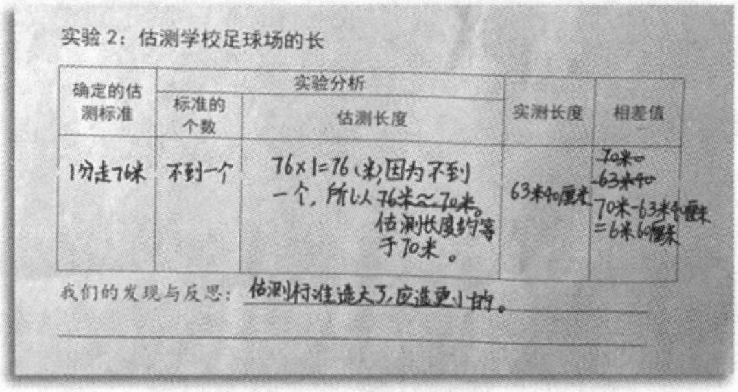

图5　不同方法估算学校足球场的长

4.课后探究作业三

探究作业二是对探究作业一的检验和修正,学生在完成探究作业二后,对估测方法有了更清晰的认识。再进行课后探究作业三(见表4),与课前探究相呼应,利用课前探究收集的数据,以及课中探究检验出的估测标准,再次估算从家到学校的距离。

表4 估测从家到学校的距离

确定的估测标准	探究分析		实测长度	相差值
	标准的个数	估测长度		

在探究作业三中,学生无须重新走一遍从家到学校的距离,只需基于探究作业二确定的估测标准进行数据分析,估算长度。估算的长度与地图测距或测量轮测距的实测长度进行对比,计算相差值(见图6)。

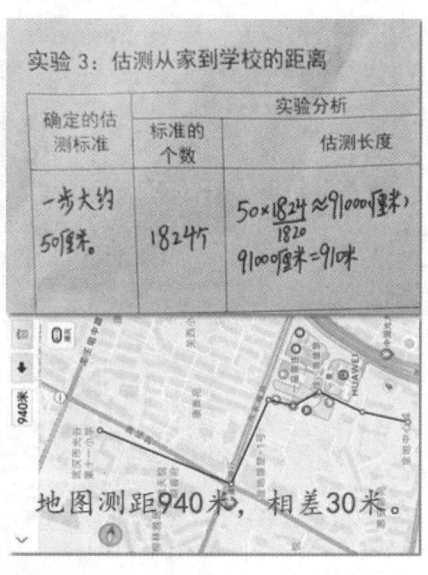

图6 估测从家到学校的距离

课后探究作业3通过反思估测过程,调整估测的策略或标准,让学生在估测探究中看见自己的成长,使量感的发展内化于思维、外显于行为。

四、估测教学的探究式学习效果优化

(一)聚焦核心素养发展,推进量感螺旋生长

本节数学探究课的作业任务是基于学生数学核心素养的综合发展,从

基于量感发展的估测教学与实践作业设计
—— 以小学数学三年级上册《估计长度》为例

数学眼光、数学思维和数学表达三个层面进行整体考量与设计的。其中涉及数学眼光的表现，量感、几何直观和空间观念；与数学思维中的运算能力和推理意识都密不可分；在完成作业探究的操作和分析过程中，充分发挥了数据意识和模型意识的作用，学生能够运用作业探究的结论去估测新的距离，也是应用意识的拓展。

作业探究通过课前作业、课中作业（探究作业一、探究作业二）、课后作业（探究作业三）的设计，从学生原有的素养水平出发，层层递进，不断深入。在几次估测的探究中，学生通过动手操作、合理想象、数据记录与分析、结论推理与反思，从感性量感向理性量感发展，在知识与技能得到充分展示的同时，也反映了素养发展的螺旋上升的趋势。

（二）关注学生自我评价，促进探究意识提升

在本课时的学习过程和作业设计中，教师充分考虑到学生独立学习和小组合作学习的方式，在课堂探究不同阶段的重要作用。调动学生积极、主动参与到探究活动中来，探究作业的设计必然涉及评价的设计。改变教师单向评价的方式，利用学生和小组多元主体的评价，以评促学，也是新课标所倡导的"教学评一致性"的体现（见图7）。

图7 学生进行作业评价

在探究操作过程中，小组成员之间的相互评价、教师对小组的评价、组间评价和探究课结束前学生的自我评价，相辅相成，共同构成了本次探究学习和作业评价的内容。即使探究结果估测值与实测值之间存在较大差距，学生依然能感悟和反思探究过程对数学学习的帮助，增强了他们的探究意识和创新意识（见图8）。

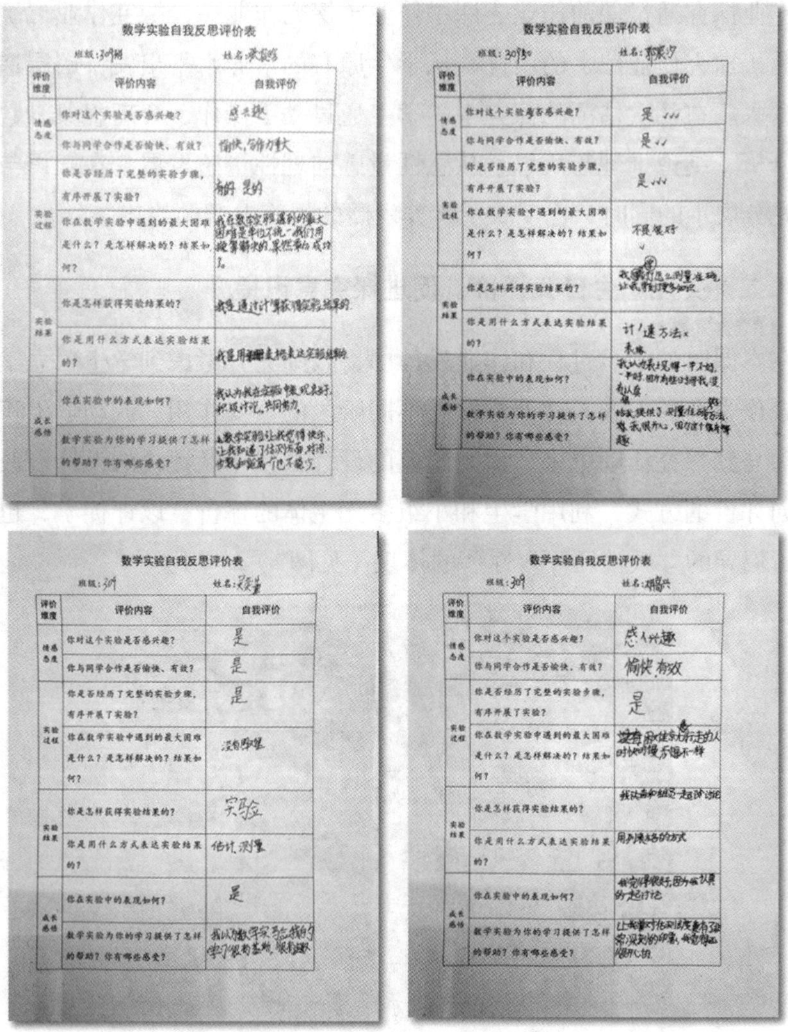

图8　数学实验（系列实践作业）自我反思评价

五、估测学习与作业设计的实践性反思

（一）建立度量的直观模型，在估测中发展量感

本次探究课的优势在于聚焦了数学核心素养中的量感，以长度度量为主要研究内容。在探究作业的设计中，通过一系列的探究任务，建立了以确定估测标准为核心的直观操作模型，并不断进行估测标准的检验和修正，逐步提高学生的估测能力。在课中探究作业的完成过程中，学生已有的感性估测经验经过本节课的学习，得到了不同程度的理性改造，学生的量感进一步丰富和提升。

（二）优化探究操作方法，让学生参与作业设计

本次设计的系列探究活动内容丰富，但活动耗时较长。学生的估测和实际测量的对象都在教室之外。探究课程虽然超越了教室的界限，但也给探究操作带来了一些困难。学生人数众多也增加了课堂中探究操作的难度。如果只让部分学生参与探究，又会导致学习机会不均等。比较好的实施方法是邀请两位教师助手或从学生中挑选助手，让他们参与探究设计，并分组操作不同的探究方法。这样既能让每个学生都参与到课堂探究的操作中来，又不至于受到人员、场地和时间等客观因素的影响。

（三）重视探究过程感悟，指导作业反思与改进

小学数学实践探究性作业的目的不仅是让学生体验探究操作的过程，验证探究假设，得出探究结论，更重要的是在探究过程中激发和促进学生在相关领域的思考，获取丰富的经验和体会，让学生在"感知—感悟—理解"中用数学的眼光、数学的思维、数学的语言来发展自我。

在本次探究学习的课堂中，如果教师能够及时收集学生在探究过程中的感悟与反思，帮助学生和小组及时调整探究的操作方法，将会使探究操作过程更加有效，学生对探究作业的自我评价和满意度也会更高。

案例篇

Unit 3 Festivals 第三课时作业设计

武汉市光谷第十一小学　耿婕

一、指导思想与理论依据

2022年版《小学英语课程标准》倡导学思结合、用创为本的英语学习活动观，指出学生要"在体验中学习、在实践中运用、在迁移中创新""围绕真实语境和真实问题，激活已知，参与到指向主题意义探究的学习理解、应用实践和迁移创新等一系列相互关联、循环递进的语言学习和运用活动中"。因此，学生对中国传统节日的了解和对国外著名节日的认识非常重要，需在本单元教学活动中让学生有充分的参与感和体验感，激发其对国内外节日文化的兴趣和积极性。通过引导学生对各语篇内容的学习和主题意义的探究，逐步生成和建构对于阅读的深层认知和正确态度，促进学生核心素养综合表现的提升。

二、单元教材内容分析

单元主题：Festivals。该主题属于人与社会范畴，所属的主题群是历史、社会与文化，涉及"常见节假日，文化体验"。

本单元围绕"Festivals"这一主题展开，包括五个语篇：三段配图介绍类短文、两个绘本故事和一首歌曲。

第一个语篇是两篇介绍类短文，一篇介绍中国的中秋节，另一篇介绍西方的感恩节。这两篇短文分别介绍了这两个节日的日期、人们在节日所食用的食物以及节日的相关活动，帮助学生了解中国日历的特点，感知国外节日的乐趣。

第二个语篇是一个绘本故事，讲述Yuanyuan邀请Toby去她家过元宵节的故事，两人一起吃汤圆、逛灯会、猜灯谜，让Toby切身感受元宵节的氛围，体验中国传统文化的乐趣。该语篇旨在引导学生用英语表演故事，感受中国文化的趣味。

第三个语篇是一篇介绍圣诞节的短文，主要介绍了圣诞节的日期和主要的庆祝活动，如孩子们在袜子里找礼物、穿色彩鲜艳的毛衣；家人们拉圣诞彩包爆竹，聚在一起吃火鸡，玩游戏看电影等。该语篇有助于学生深入了解圣诞节的活动形式，并对比感知其与中国春节之间的异同。

第四个语篇是一首歌曲。这首耳熟能详的英文歌曲《Happy New Year》是一首迎春节、庆新年的歌曲，其旋律轻快，节奏明朗，是全世界人民都可以唱的歌曲。新年是全世界人民都可以庆祝的节日。该语篇旨在激发学生了解国际化大节日，感受唱英文歌曲的愉悦。

第五个语篇同样是一个绘本故事，讲述了中国的一家人在国外过中秋节时发生的意外见闻。在消除误会后，他们邀请外国邻居一同过中秋节。该语篇情节生动有趣，环环相扣，以节日为背景，使学生能够充分感受和表演，体会中西方文化交流的意义。

本单元以"Festivals"为主题，紧紧围绕"节日反映了国家的历史和文化"开展学习和探讨活动。教材中的五个语篇形式各不相同，但内容相互关联，紧扣单元主题，包含"了解中西方典型节日""感受中国传统节日文化"和"拓展国际化节日视野"的主题意义，如图1所示。通过对本单元不同类型的语言材料的学习，学生能够了解不同国家的代表性节日，能用所学语言介绍中西方典型节日，感受中西方节日的历史和文化，拓宽国际视野，增强参与体验感。

Unit 3 Festivals 第三课时作业设计

```
                       单元主题：Festivals
          ┌──────────────────┼──────────────────┐
   了解中西方典型节日      感受中国传统节日文化      拓展国际化节日视野
```

Lesson 1 短文 Read the texts.	Lesson 2 短文 listen and answer.	Lesson 3 故事 Read and find.	Lesson 4 故事 A surprise.	Lesson 5 歌曲 Listen and sing.
了解中国的传统节日——中秋节和西方的重要节日感恩节，对比节日文化差异。	具体学习圣诞节相关知识，了解人们做的事情、吃的食物。	带Toby一起感受和体验中国元宵节，表达在节日活动中的乐趣。	机缘巧合，带外国邻居感受中国中秋节的氛围，表演故事情节。	认识国际节日——新年，拓宽视野，探究了解不同国家庆新年的方式。

节日反映了国家的历史和文化
了解中西方国家典型的节日，能用所学语言介绍中国的传统节日，描述中西方节日的文化差异，拓宽国际视野，增强参与体验感。

图1 单元的主题意义

三、单元教学目标

本单元的教学目标有5个，具体如表1所示。

表1 单元教学目标

单元教学目标	语篇
1.通过when、what to eat、what to do简单介绍中秋节和感恩节的相关知识	Part 1 配图短文（1课时）
2.体会节日氛围和节日活动的乐趣，能有感情地朗读和表演故事	Part 2 故事Lantern Festival（1课时）
3.理解圣诞节的相关知识，根据文本内容进行问答练习	Part 3a，3b 配图短文（1课时）
4.有感情地演唱《Happy New Year》，体验国际化节日的喜乐氛围	Part 4 歌曲（1课时）
5.体会故事情节的跌宕起伏，感受中西方文化交流的差异，增进国际友谊	Part 5 故事A surprise（1课时）

四、单元学习评价

本单元学习评价的评价内容、说评价明和评价等级如表2所示。

表2　单元学习评价表

评价内容	评价说明	评价等级 A	评价等级 B	评价等级 C
了解中西方典型节日	Lesson 1 小演讲：介绍喜欢的节日	能基于书中文本的结构框架，介绍其他的中西方节日，有想法、有创意、表达准确、声音洪亮、逻辑清晰	能在理解课文的基础上，使用文中出现的句型结构及表达方式进行模仿表达。语音、语调较为准确，能使用完整的句子，表达清晰	能在同伴的帮助下选择课本中的一个节日进行介绍，声音洪亮，发音基本正确
了解中西方典型节日	Lesson 2 分享活动：My Lantern Festival	能在表演故事的基础上，提炼出关键信息，创造性地运用所学语言分享自己的元宵节生活，表达准确、声音洪亮、逻辑清晰	能根据故事关键信息并使用已学单词、词组和句型介绍中国传统节日。语音、语调较为准确，能使用完整的句子，表达清晰	能在同伴的帮助下认读、分解和表演故事，声音洪亮，发音基本正确
感受中国传统节日文化	Lesson 3 创编对话：以圣诞节文本为依据进行创编	能在熟读文本的基础上，两人一组进行对话创编，句型正确、表达准确、声音洪亮、逻辑清晰	能在熟读文本的基础上，两人一组进行对话创编，句型正确，语音、语调较为准确	能在同伴的帮助下完成书中的问答练习，声音洪亮，发音基本正确
感受中国传统节日文化	Lesson 4 谈论新年	能流畅、有条理地介绍新年故事，能创造性地运用所学句型，声音洪亮，语音、语调优美	能用简单的句型介绍新年相关知识或故事，表达清晰，表意基本正确，语音、语调较为准确	能在同伴的帮助下用一两句话介绍新年知识
拓展国际化节日视野	Lesson 5 续编故事	能开放思维，创造性地续编故事并表演，表达清晰、表述流利、发音标准	能将续编内容清晰、正确、流利地表达出来	能在组员的帮助下表演简单的角色

五、单课时教学目标

1.任务目标

（1）能熟读、理解故事并猜灯谜。

（2）能有感情地模仿表演故事。

（3）能运用Story Map可视化工具复述故事。

2.体验目标

了解中国元宵节的传统文化，并坚定文化自信，体验元宵节的乐趣。

3.语言目标

（1）能理解运用以下单词：Lantern Festival、invite、awesome、huge、sharp、loud…

（2）能理解并运用句型：Thank you for…/Time to go to the lantern fair./I get it.

六、单课时作业目标

（1）巩固中国元宵节的文化知识，比较和整合中国传统节日的日期、食物、活动等要素，逐步建构对中国传统节日的完整认知。

（2）向世界介绍中国传统节日，做中国传统文化的传播者，坚定文化自信。

（3）构建描述节日的框架，提升语言运用能力和迁移创新能力。

（4）迁移运用课上所学的Story Map可视化工具，讲述自己或他人在节日中发生的故事。

七、单课时作业设计

（一）基础类练习

作业内容：Task: Read and complete.

读一读图2中的单词和词组，然后将它们填入正确的节日方框。

A. rice balls	B. mooncakes	C. go to the lantern fair
D. think about their families	E. guess lantern riddles	F. look up at the moon
G. watch beautiful lanterns	H. the 15th day of the Chinese lunar January	
the 15th day of the Chinese lunar August		

图2　读图填题

设计意图：让学生比较和归类中秋节和元宵节的时间、食物以及活动，帮助学生整合第一课时所学的中秋节和本课时学习的元宵节的相关知识，使学生逐步建构对节日的完整认知，尤其是中国传统节日。

（二）拓展性作业

作业内容：

Task1: Introduce the Lantern Festival in your favourite way.

选择你喜欢的方式介绍元宵节。

情境：

Unit 3 Festivals 第三课时作业设计

> Mr.White will take his students to China for the study tour（研学）.

The Best Reporter

> Good morning, everyone!, I'll introduce the Lantern Festival to you.
> …
> This is our traditional festival—the Lantern Festival. Thank you for your listening.

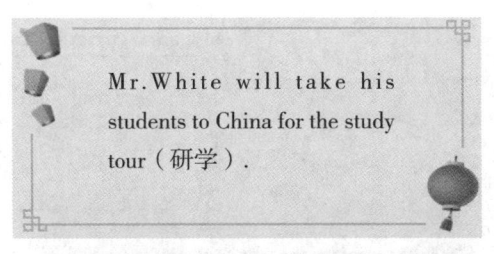

图3 介绍元宵节

设计意图：创设了一个新的情境，Mr White 将带学生来中国进行研学活动，让学生用自己喜欢的方式向他们介绍元宵节，如图3所示。学生通过向世界介绍中国传统节日，做中国传统文化的传播者，从而坚定文化自信。

Task2: Collect information about your favourite festival and complete the mindmap according to the hints. You can also complete your own mindmap.

搜集你喜欢的节日的信息并根据提示完成思维导图（如图4所示）。你也可以完成你自己的思维导图。

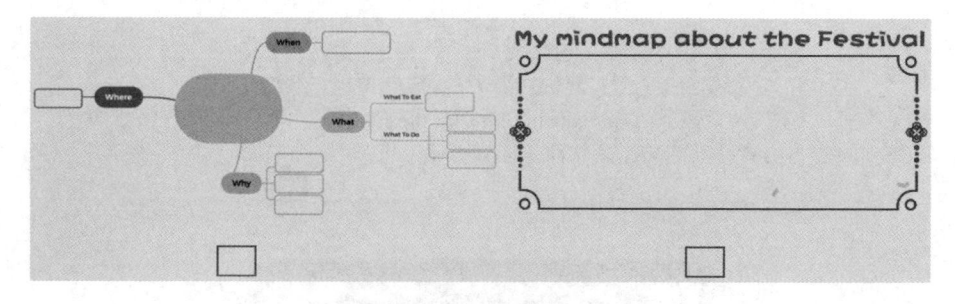

图4 节日信息思维导图

设计意图：让学生搜集喜欢的节日信息并根据提示完成课上所提供的思维导图或者自创思维导图。帮助学生构建描述节日的框架，提高学生的语用能力以及迁移创新能力。

（三）实践性作业

Task3: Talk about your special story or other's in your favourite festival to your friends or family people.

请和你的朋友或家人谈一谈，在你最喜欢的传统节日里，你或者他人所发生的特别的故事（如图5所示）。

图5 说一说你的故事

设计意图：去找一个和自己最喜欢的传统节日相关的故事，此任务让学生能够更深入地去了解自己喜欢的传统节日，使节日与生活关联起来。

（四）课后作业评价表

课后作业评价表包括家长评价和师生评价两部分，详见表3。

表3 课后作业评价表

家长评价			
评价项目	是否完成	完成态度	完成时长	整体建议
评价等级	□是 □否	□一般 □良好 □优秀	_____分钟	

师生评价			
评价项目	书写规范	正确率	完成订正	完成选做
评价等级	□是 □否	□5☆ □4☆ □3☆ □2☆ 全对 错1-2个 错3-5个 错6个以上	□是 □否	□是 □否

（五）课后作业属性表

课后作业属性表详见表4。

表4 课后作业属性表

作业设计类型	作业内容			作业来源	预估时间	作业评价
	基础性	拓展性	综合性			
课后作业	基础性	Task：读一读以下单词和词组，然后把它们放入正确的节日方框		原创	4-6分钟	家长评价 师生评价
	拓展性	Task 1：选择你喜欢的方式介绍元宵节 Task 2：搜集你喜欢的节日信息并根据提示完成思维导图，你也可以选择完成你自己的思维导图			5-6分钟	
	综合性（可选做）	Task：请和你的朋友或家人谈一谈，在你最喜欢的传统节日里，你或者他人所发生的特别的故事			5-15分钟	

八、单课时作业设计反思

（一）立足单元整体，着眼于关联性和进阶性

新课标强调要加强单元教学的整体性。在进行作业设计时，要注重前后课时的关联性，以节日这个主题为中心，设计进阶式的作业。如结合第

一课时所学的中秋节，让学生比较中秋节和元宵节的日期、食物和活动。这体现了前后课时的关联和进阶。还可以进一步改进，将学习过的西方节日（如感恩节和圣诞节）进行整合和比较。

（二）运用思维导图，提升思维品质

在进行课时作业设计时，注重挖掘、延续课堂所学的关于节日的思维导图和关于节日故事的故事地图，并鼓励学生自创思维导图描述所喜爱的节日，逐步发展学生的逻辑性思维能力和创新性思维能力。

（三）迁移运用语言，坚定文化自信

新课标提出要通过英语教学帮助学生加深对中华文化的理解和认同，树立国际视野，坚定文化自信。在单课时作业设计中，创设了一个新的情境，让学生向外国友人介绍元宵节。学生通过介绍中国传统节日，做中国传统文化的传播者，从而坚定了文化自信。

"双减"背景下的小学数学作业设计策略与实践

武汉市光谷第十一小学　陈安琪　陈燕

目前，小学数学作业设计存在诸多问题。一些数学作业设计过于注重知识的巩固，存在过量重复；部分小学数学作业未充分考虑学生的个体差异，缺乏针对性；部分小学数学作业设计过度强调应试，而忽略了学生的实际需求和兴趣；部分小学数学作业过多关注理论知识的学习，却缺乏实践性和探究性；部分小学数学作业设计忽略了德育的融入，缺乏道德品质、价值观等方面的教育融入。"双减"政策的"减"的其中一项是减轻学生负担。针对上述作业现状，笔者想研究如何在"双减"背景下设计更利于学生发展的作业。"双减"背景下的小学数学作业设计具有重要意义：有助于减轻学生负担。小学数学作业设计需要精简优化，减少重复性和低效性的作业，使学生有更多时间和精力参与其他课程学习和课外活动，促进学生全面发展；有助于提高作业质量；针对不同层次的学生设计分层作业，提高作业的针对性和适应性，帮助学生巩固知识，提高学生的数学素养；有助于激发学生学习兴趣。通过设计丰富多样的作业形式，如实践性作业、探究性作业等，可以让学生在愉快的氛围中学习数学，提高学习效果；有助于培养学生的思维能力。引导学生运用所学知识解决实际问题，培养学生的逻辑思维、问题解决能力和创新意识；有助于落实立德树人根本任务。小学数学作业设计需要与课程内容紧密结合，关注学生的道德品质和价值观培养，将德育融入数学作业中，促进学生德智体美劳全面发展。

一、原创作业分层设计

（一）常规作业分层

考虑到每位学生的知识掌握情况各不相同，为了确保每位学生都能在其能力范围内得到最大程度的提升，根据因材施教的教学原则以及学生的知识掌握情况，我们将学生分为A、B、C三类。其中，A类占全班人数的十分之三（15人左右），B类占全班人数的十分之五（25人左右），C类占全班人数的十分之二（10人左右）。

A类（小超人）：完成《课堂作业》和每日思维拓展1题，除周三无作业日外，共4题，粘贴在课堂作业对应的页码上，如图1和图2所示。

B类（小达人）：完成《课堂作业》和每日适当拔高1题，除周三无作业日外，共4题，粘贴在课堂作业对应的页码上。

C类：完成《课堂作业》中相应的练习题，进行有针对性的口算训练，巩固基本功，夯实基础。

图1　三年级常规作业分层　　　图2　四年级常规作业分层

（二）周末回顾分层

巩固是学习的重要环节。因此，每周我校会根据学生本周所学内容和作业完成情况设计针对性的周末巩固练习。周末周练题型包括学生当周易错题集、教材中的高频考点以及学生必须掌握的技能与解法，如图3和图4所示。通过周末练习，帮助学生巩固复习，避免出现"5+2=0"的现象发生。同时，为满足不同学生在课外发展方面的需求，我校将周末练习分为两部分：一部分是必做题，所有学生都需要完成；另一部分是拔高题选做题，学生可以根据自己的知识掌握情况选择性地完成。

图3　三年级周末回顾　　　　　**图4　四年级周末回顾**

（三）优等生的挑战：智慧小屋

在我校的教学楼中，每个年级都有专属于自己的"智慧小屋"。这些地方在校园内非常受欢迎，吸引着爱思考的学生前往参与。每周一，我们会在数学智慧小屋内张贴数学趣味思考题。学生们在想出答案后将其写在纸上交给自己的数学老师，老师会根据答案的正确性和书写格式确定入围名单。在下一周的校会上，学校会隆重宣布每个班级的获奖名单，并颁发特制的奖状，鼓励学生，激发他们对学习的兴趣。这一举措受到学生的热烈欢迎。题目一经贴出，学生们就会争先恐后地来到智慧小屋门口（如图5所示），有时甚至在上一周的周五，他们就开始"催更"下一期的题目了。

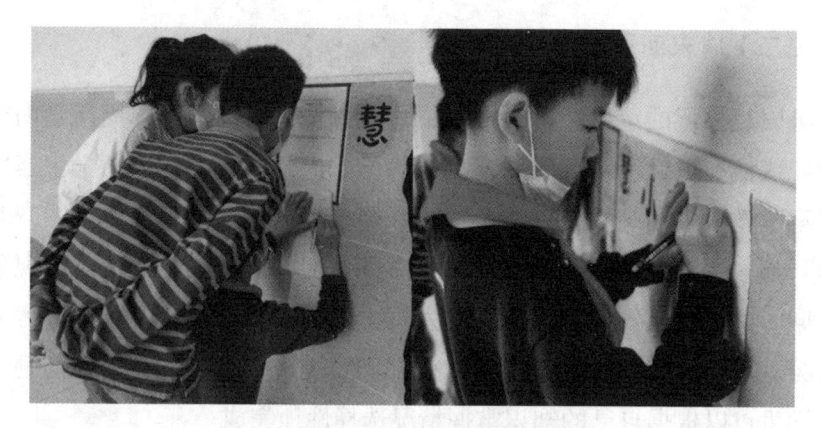

图5 学生在"智慧小屋"答题

二、突破重难点的法宝：作业任务单

在每周一次的集体备课中，我们会了解本单元教学重难点。当学生出现知识混淆或多数学生出现错误时，笔者会设计作业任务单，如图6所示。虽然题量不多，但每道题都是经过精心挑选，有针对性地逐一突破难点。通过布置适量的数学作业任务单，学生可以回顾和巩固课堂上所学知识，加深对知识点的理解，提高运用能力。教师也可以通过批改学生的作业任务单，快速了解学生对课堂知识的掌握情况，发现教学中存在的问题，及时调整教学方法和策略，提高教学效果。

例如，"数与代数"的内容在小学数学课程中占有重要地位，具有重要的教育价值。然而，一提起"数与代数"，人们往往会想到枯燥的数字、符号以及数量关系，认为很无趣。估算是一种重要的数学思想方法和数学能力。《数学课程标准》中也增加了"能选择合适的估算方法"这部分内容。在实际教学中，我们发现许多学生未能真正理解题目的含义，分不清何时估大、何时估小，这是教学上的难点。由于相对抽象的知识不易于学生理解，我们为"估算"这一课时设计了作业任务单，如图6所示。

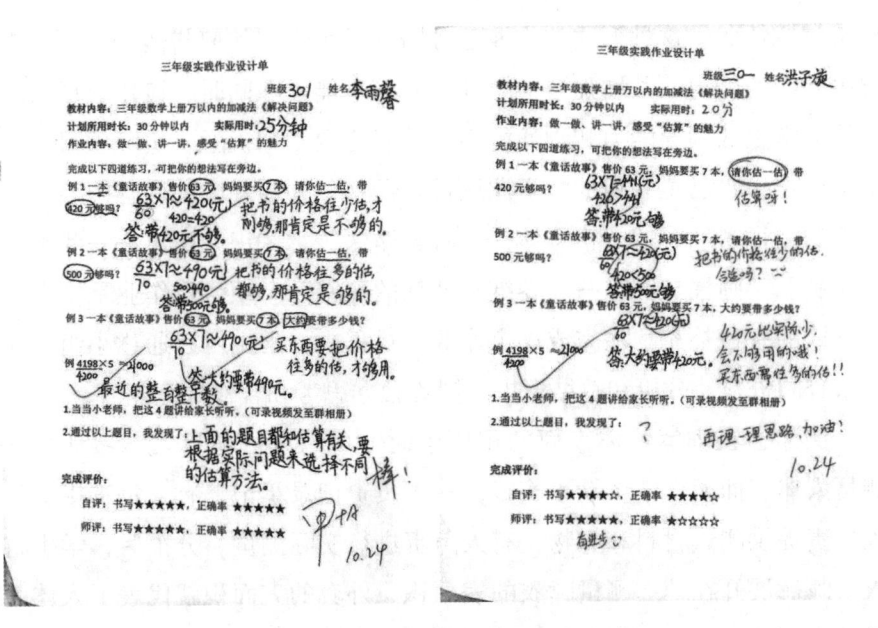

"双减"背景下的小学数学作业设计策略与实践

图6 估算任务单

通过学生提交的任务单，我们发现：能力较强的学生指导在何种题型下选择何种估算方法，而一些学生则不清楚何时应使用估算，何时应该精确计算，更不用说何时估大和何时估小。例如，对于购书问题，给定不同的金额，会导致不同的估算方法。有时应估大，有时应估小，可以先尝试。最终选择的估算方法有助于判断正确即可。当问及"'大约'需要多少钱"时，在估算时应选择最接近的整十或几百几十的数。图6中的第四个例题是常见的估算题目，大多数学生能够完成。最后，我们将这些易混淆的题目告诉家长，帮助学生巩固估算方法，并通过"我发现了什么"来总结估算方法。

三、开放性作业

（一）合作项目式作业

在合作项目式作业中，每个成员拥有不同的角色和职责，需要相互协作来完成任务。这种形式的作业能够帮助学生学习如何与他人合作，提高解决问题的能力，并增强自信心和自我管理能力。同时，该作业形式还可以培养学生的领导能力和沟通能力。笔者将数学知识融入实际项目中，学生可以选择自己感兴趣的数学课题进行研究，并为相应的课程内容起一个有趣的项目名称，如"正方体——玩转魔法""认识人民币——我是小小采购员""圆柱与圆锥——卷纸与沙漏的秘密"。项目式作业是常态化教学方式的有益补充。在完成这个作业的过程中，学生可以通过小组合作分工来查阅资料、分析和总结汇报，锻炼独立思考和合作探究能力。

例如，在理解物体表面的积概念时，可以设立项目式学习任务——测量人体表面积。学生动手实践，有人负责记录笔记，有人负责摄影，有人负责提供测量材料和衣物，有人负责进行实际测量。分工后，学生将睡衣、睡裤展开在地上测量睡衣的表面积，外套的表面积就代表了人体上半身的表面积，裤子的表面积就代表了腿的表面积，把脚抬起来看作一个长方形，2个"长方形"的面积就代表了脚的表面积。最后，将所有的表面积相加就得到了人体的表面积。

（二）情境应用式作业

小学数学与生活有着密切的联系，为了使我们的数学课堂焕发生机，我们为学生充分提供了进行数学实践活动的机会。结合学生的生活实际，设计一些需要在现实生活中解决问题的数学作业。例如：新的一年到了，让学生查找资料并亲手制作一份日历；设计一份购物清单，要求学生计算物品的总价、比较价格差异等。这种作业能够让学生将数学知识应用于实际生活，提高他们解决问题的能力。在学习了三年级关于"米"和"千米"长度单位的知识后，让学生根据家附近的建筑物绘制地图，进一步感知长度单位，如图7所示；在学习了"估算"的知识后，让学生在超市购物时估算商品的价格。在学习了关于"三角形的内角和"的知识后，让学生通过量、剪、拼、折等方法探究三角形的内角和，并将自己的探究成果用数学小报的形式呈现出来，最后在教室内外展示小报。在四年级上学期学习了关于"大数的认识"的知识后，让学生回家动手数一数、估一估一亿颗米有多少，感受一亿的大小，如图7所示。通过这些实践作业，让学生通过这些活动交流数学思维，获得数学知识，感受数学与生活的密切联系，从而培养学生的创新意识和实践能力。

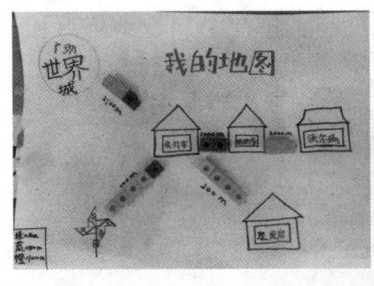

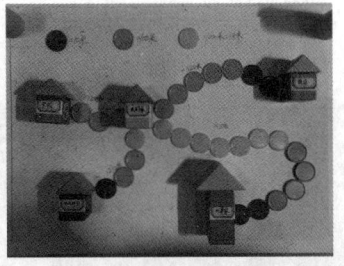

图7 学生情境应用式作业

（三）自主设计式作业

让学生自己找出本学期或本单元重难点并用自己喜欢的方式制作试卷，提高学生的自主学习能力和对知识点的理解。鼓励学生主动思考，回顾课堂所学内容，找出自己认为比较重要和难以掌握的知识点，可以列出知识点清单，也可以画出思维导图，以便于学生更清晰地理解和记忆这些知识点。根据整理出的重难点，学生可以设计相应的试题。试题的设计应尽量贴近学生的实际水平，既包括基础题，也包括提高题。作业的制作可以锻炼学生的排版和设计能力，选出好的题目后制作为班级作业，如图8所示，让全班学生统一完成。学生完成作业制作后，可以进行互评互改。通过相互批改作业，学生可以发现自己和他人在知识点掌握方面的不足，从而及时进行调整和补充。最后，教师提出具体的建议，指导学生进一步落实作业。同时，教师还可以从学生的作业中总结出教学重点和不足，为后续的教学做出相应调整。

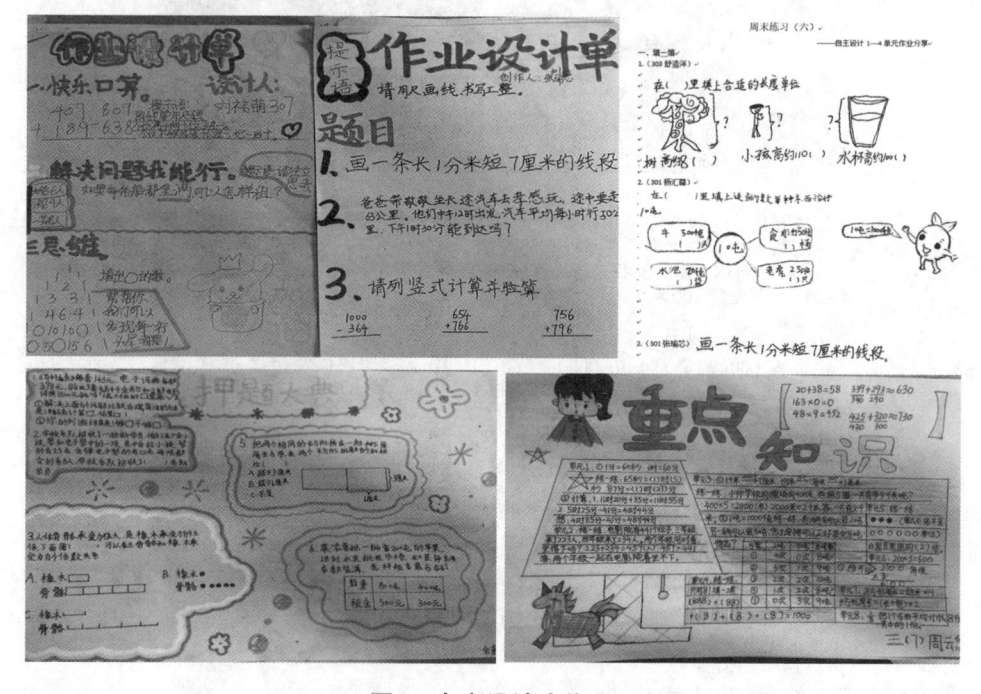

图8　自主设计式作业

四、结语

《数学课程标准》中指出："人人学有价值的数学；人人都能获得必需的数学，不同的人在数学上得到不同的发展。"笔者的作业设计遵循以"学生为主体"和"因材施教"的原则，旨在使每位学生获得最大和最长远的发展。我们深信良好愿景和思想意味着良好开端，因此在作业设计方面我们持续行动，并将继续努力，以呈现出独特的教育之"美"。

参考文献

［1］陈祥彬，陈思怡．"双减"背景下小学数学作业设计研究（一）——基于核心素养的作业内容设计［J］．小学数学教育，2022（Z1）：4-9.

［2］陈岳婷，陈振华．"双减"政策下小学数学作业设计的初步探究［J］．试题与研究，2021（34）：45-46.

［3］孔繁晶．控量减负，创新增效——"双减"背景下的小学数学作业设计［J］．教育研究与评论（小学教育教学），2021（8）：29-34.

创新作业形式，完善作业评价
——小学语文三年级下册第三单元作业设计与评价

武汉市光谷第十一小学　李楚云　周梦婷

在"双减"背景下，优化作业管理是重要的途径之一。从语文学科来看，落实"双减"，设计语文个性化作业，必须落实"因材施教"的教育理念，积极推动作业评价方式变革。要做到落实立德树人根本任务与语文素养培养的有机融合，设计"教学评"一致性的学习活动。作业设计和评价应成为衡量语文教学课程改革成效的关键尺度，也应成为评价教师专业发展水平的重要标志之一。

一、学生作业评价研究的背景与意义

作业是教学评价中不可或缺的一部分。《语文课程标准》中明确指出："评价的目的是全面了解学生的学习历程，鼓励学生的学习和改进教师的教学；应建立评价目标多元、评价方法多样的评价体系。对语文学习的评价要关注学生学习的结果，更要关注他们学习的过程；要关注学生语文学习的水平，更要关注他们在学习活动中所表现出来的情感与态度，帮助学生认识自我，建立自信。"传统作业评价方式影响了教学目标的达成，主要体现在以下两方面。第一，人文性严重不足。传统的作业批改只是在作业本上画勾、打叉，近年来虽然有教师给学生的作业划等级，但实际上也是"换汤不换药"。长此以往，学生逐渐丧失学习兴趣，作业成为负担，阻碍求知欲和创造性的发展，同时还会影响学生的心理健康。第二，标准绝对化。以往的作业评价通常采用绝对标准，不论是优等生还是后进生，都按同一标准评定。优生可能觉得标准太低，容易达到，无法满足他们的求知欲；而后进生可能认为标准太高，短时间难以达成，其自信心会受到打击。

二、精简评价设计，提高评价效率

教师可以根据不同的作业类型采取不同的批改方式。对于巩固性作业，应设定相应的批改标准，并根据标准给出等级评定；对于习作批改，应采用书面批改和面批结合的方式，其中书面批改包括等级和批语。习作批语具有启发性、激励性，教师可以多使用对话式批语；对于探究性作业，除了关注作业的成果外，还应对学生的学习态度、学习习惯和与人合作等过程性表现进行评价。

要重视对作业问题的过程记录和归因分析，一是对全体学生作业中的主要错误和典型问题进行简要记录，提炼形成常见的错误类型，为后续作业讲评和辅导打下基础；二是对学生个体作业情况进行跟踪评价，留存典型作业，梳理学生作业发展变化的轨迹，为后续的补偿性教学、跟踪性评价和关联性调整提供证据，真正使作业评价促进学生的学习和发展。

三、改进评价结果，探索多元化评价

学习目标要明确学生应该学会的内容；评价任务用于判断学生是否学会以及掌握程度；学习过程的设计要考虑学生如何学习；作业检测要全面系统地考查学生是否达到了学习目标，一方面用于评价学生的学习效果，另一方面帮助学生巩固和提高。

部编版小学语文三年级下册第三单元以"中华优秀传统文化"为主题，编排了《古诗三首》《纸的发明》《赵州桥》《一幅名扬中外的画》四篇课文，旨在引导学生通过阅读学习感受中华传统文化的深厚内涵。同时，本单元还安排了以"中华传统节日"为主题的综合性学习活动，从不同角度展现中华传统文化的魅力。在本单元的作业设计中，我们主要围绕以下两点展开思考。

（1）从单元整组出发，思考作业与单元目标、教学和评价之间的关系，将作业设计纳入教学设计中，充分发挥作业的协同作用。

（2）通过对同一单元不同课时的作业内容和要求的统筹思考，减少简单机械性重复，增加发展高阶思维的作业占比。

本次作业设计落实"双减"的理念，对提升学生的语文素养产生积极影响。

（一）常规目标作业评价

1.作业设计理念

常规作业是教学的重要组成部分，是课堂教学的延续。教师通过对基础性作业的评价能及时检查教学效果，发现学生知识的掌握程度和反映的问题有针对性地改进教学，提高教学质量。

本单元的常规目标包括：认识50个生字，会写37个生字，正确读写"造纸术、伟大、石匠、设计、创举"等词语；通过查字典和联系上下文理解词语，学会运用词语；理解并背诵古诗，分享在日常生活中自主识字的途径及成果。本单元的常规作业目标以热门景点闯关打卡为活动手段，落实语文要素，在活动的过程中加强巩固学生对本单元必须掌握的生字词语、古诗、四字词语等基础知识的识记和积累，扫清学生学习课文的阅读障碍，从而激发学生热爱祖国传统文化的兴趣。

2.具体作业设计及评价方式

（1）第一阶段目标：识记积累本单元指定字词

识字与写字是语文常规作业的重点。笔者以热门景点闯关打卡的形式，利用课后自学与课堂小测相结合的形式巩固生字词的积累与识记，以此达到激发学生学习兴趣、提高学习效率的目的，避免基础知识遗忘、掌

创新作业形式，完善作业评价

——小学语文三年级下册第三单元作业设计与评价

握不牢固的情况出现。

①活动设计：以学习任务单的方式设置闯关关卡（如表1所示），改变简单、生硬的检测方式，创设情景，让学生沉浸式体验，增强答题的乐趣。

表1　闯关活动的具体内容

闯关活动一	对号入座	读一读，按照偏旁的指引，把生字送回家；拼一拼，将生字规范书写在指定位置
闯关活动二	火眼金睛	认一认，给加点的字选择正确的读音；结合语境，选择合适的词语填在括号里
闯关活动三	才高八斗	想一想，把成语补充完整，并把它们送到合适的句子中

②作业评价：星级评价

a.第一次"星级评价"细则

根据学生完成任务的正确率与书写情况两个不同维度进行综合评价。满分五颗星，作业标准为：所有题目均答题正确，书写认真，格式正确。达到四颗星的作业标准为：所有题目答题正确，书写细节不到位，格式略微欠缺，或错误答题不超过2道，但书写认真，格式正确。达到三颗星的作业标准为：有2道以上错误，但书写认真，格式正确。只得到两颗星的作业标准为：错误超过2道，且书写不认真，格式不正确。

"星级评价"注重作业评价的动态化。教师在关注学生作业的一次性评价时，同样不能忽视二次性评价。

b.第二次"星级评价"细则

第一次未能获得五颗星的同学，在订正过程中只要能改正错误、书写认真、格式正确，同样可以获得五星评价。

教学实践证明，在语文常规作业评价中，评价标准由静态转向动态能够关注不同学生的语文学习差异，从而有效地促进他们以积极的热情投入完成语文作业的过程中，由此自然就能够获得事半功倍的效果。

（2）第二阶段目标：背诵默写本单元古诗

默写必背古诗是本单元的学习目标之一，也是学生们的必闯关卡。通过课堂小测形式巩固基础知识的积累与识记，提高课堂的学习效率，避免课后补习基础知识的情况。同时，笔者还设计了选做题，旨在促进学生对清明节、春节、重阳节这三个传统节日的了解，将选择权交给学生，让学生自主选择方式表达对节日的认识，激发学生学习兴趣，并为后续综合性学习活动的开展积累素材。

①活动设计：遨游诗海

必做题：背一背，填一填。

选做题：在诗人描写的三个传统节日中，我最喜欢的节日是____。

a.说一说过节情景：在过节这一天，人们会____。

b.画一画你喜欢的过节情景。

②作业评价：关注差异——开展个性评价

首先，根据学生的学情设计有针对性的作业。然后，教师根据学生之间的差异展开个性化评价，并有针对性地进行分层评价，实现评价方式的多元化和差异化，使每位学生都能得到个性化的发展。

（3）第三阶段目标：分享在日常生活中自主识字的途径及成果

在课堂上分享自主识字的方法以及收获，培养学生自主识字的能力，达到《语文课程标准》第二学段"识字与写字"中"对学习汉字有浓厚的兴趣，养成主动识字的习惯；有初步的独立识字能力"的要求。

①活动设计：字海拾贝

做生活识字的小能手：留心生活，细心观察，我会发现许多陌生的汉字朋友。我会将它们记录在我的"生活识字小记"（如表2所示）上，并想办法记住它们。

创新作业形式，完善作业评价
——小学语文三年级下册第三单元作业设计与评价

表2　生活识字小记

日期	途径	认识的字	识记小妙招
（　）月（　）日			
（　）月（　）日			
……			

②作业评价：由甄别转向激励

教师采用了星级评价的形式。除此之外，学生还可以根据教师设计好的"星级评价"积分表进行自评、互评。

根据活动设计，教师充分调动学生的生活经验，引导学生在真实的生活情景中学习语文，不断丰富自己的"生活识字小记"表。根据表格统计结果，每积累3个字，会获得一颗星，汉字积累越多的同学，收集到的星星也就越多。

同时在班级设置"语文智慧星"榜并粘贴相应海报，将学生的作业完成质量进行量化，以积分体现学生完成作业的情况。将每名学生的姓名一一罗列在"语文智慧星"榜上，作业完成情况达到一定标准后，便可获得一颗"语文智慧星"，累计获得五颗"语文智慧星"的学生，将可以获得一枚"语文博士星"奖章，用这样的动态评价提高评价效果。

（二）核心目标作业评价

1.作业设计理念

本单元的语文要素是"了解课文是如何围绕一个意思把一段话写清楚的"。在学生理解《赵州桥》第3自然段是如何把赵州桥的"美观"写清楚的、《一幅名扬中外的画》第3自然段是如何把街市的"热闹"写清楚的基础上，加深学生对本单元语文要素"了解课文是如何围绕一个意思把一段话写清楚的"的理解，为本单元第二个语文要素"围绕一个意思把一段话写清楚"的落实提供支持与指导。接着，在"了解课文是如何围绕一个意思把一段话写清楚的"基础上，给出关键句，让学生根据句式"有

- 119 -

的……有的……有的……还有的……"或"有的像……有的像……还有的像……"写一段话。

2.具体作业设计

（1）作业目标：了解课文是怎么围绕一个意思把一段话写清楚的。

作业内容：

①读文段，领略赵州桥的美观：

这座桥不但坚固，而且美观。桥面两侧有石栏，栏板上雕刻着精美的图案：有的刻着两条相互缠绕的龙，嘴里吐出美丽的水花；有的刻着两条飞龙，前爪相互抵着，各自回首遥望；还有的刻着双龙戏珠。所有的龙似乎都在游动，真像活了一样。

理解：这一段是围绕"＿＿＿＿＿＿＿＿＿＿"这句话来写的，抓住了栏板上的＿＿＿＿来写清楚赵州桥＿＿＿＿的特点。

②读文段，感受《清明上河图》街市的热闹：

画上的街市可热闹了。街上有挂着各种招牌的店铺。走在街上的，是来来往往、形态各异的人：有的骑着马，有的挑着担，有的赶着毛驴，有的推着独轮车，有的悠闲地在街上溜达。

理解：这一段是围绕"＿＿＿＿＿＿＿＿＿＿"这句话来写的。分别从街道上的＿＿＿＿和＿＿＿＿这两个方面来写清楚街道的特点。

③读文段，回答问题：

这些狮子真有意思。它们有大有小。大的有几十厘米，小的只有几厘米，甚至连鼻子眼睛都看不清。它们的形状各不相同：有的蹲坐在石柱上，好像朝着远方长吼；有的低着头，好像专心听桥下的流水声；有的小狮子依偎在母狮子的怀里，好像正在熟睡；有的小狮子藏在大狮子的身后，好像正在做有趣的游戏；还有的小狮子大概太淘气了，被大狮子用爪子按在地上……

理解：这一段是围绕"＿＿＿＿＿＿＿＿＿＿"这句话来写的，分别从＿＿＿＿和＿＿＿＿这两个方面来写清楚卢沟桥的狮子＿＿＿＿的特点。根据段末的省略号，我能想象出卢沟桥上还有一只这样的狮子：_____。

（2）作业目标：围绕一个意思把一段话写清楚。

作业内容：

根据图1，围绕一个意思把一段话写清楚。

图1　甜品店橱窗

甜品店的橱窗里摆放着各式各样的甜品：_____。

3.核心目标作业评价方法

新课程改革要求语文教学工作注重体现学生主体地位。为了实现这一目标，教师在作业评价环节也要进行改革拓展，根据作业特点采用学生自评、小组互评、师生共评的方式进行多主体评价。

（1）学生自评，多次反思

新课程标准强调学生是学习的主体，作业评价需要学生主动参与，在评价中得到提升。学生可以在老师的评语之后写上自己的反思，内容包括评价作业的难易程度、失误的原因以及希望老师给予哪些帮助。老师可以指导学生制作错题集，避免再次出现错误。例如，在"作业内容1"板块，学生关键语句找错时可以在题目旁边批注"关键语句先在开头找，再在结尾找，最后在中间找"，将语文要素在语段中进行巩固，避免同类型题目出现错误。

学生还可以观摩其他优秀作业，寻找自己的作业与优秀作业之间的差距，研究答题者的答题思路，反思自身可以改进的地方，以达到精益求精的目的。

（2）小组互评，树立榜样

教育评价要采取以教师评价为主、学生之间相互评价为辅、综合评价模式。小组合作是一种有效的学习方式。小学生在同龄人面前敢于发表自己的观点，化被动为主动，在团队合作中找到自身价值，相互促进，共同成长。例如，在"作业内容2"板块，学生在小组内分享自己的小练笔。老师按照"是否围绕一个意思将一段话写清楚"为重点进行评价，并且圈画出错别字、病句等，找出学生的小练笔中的问题和亮点。这样的批改能让学生相互借鉴吸收，实现了取长补短且落实了本单元的语文要素。

教师在总结评价时要先倾听各个小组的互评，鼓励每一名学生积极表达，锻炼他们的口语表达能力。教师还可以采用一帮一、一帮多的互助模式，利用集体学习氛围激发学生的语文学习热情。

（3）师生共评，以评促教

教师对学生作业进行评价的过程也是与学生进行深度交流的过程。在作业评价中，教师可以对学生进行引导。例如，在"作业内容1"板块，有的学生找不到关键语句，有的学生找不到狮子的特点，还有的学生句子补充不完整。老师要根据学生的出错原因及时调整教学方法，改善教学设计，在课堂中再次进行讲解。

（三）素养目标作业评价

1.作业设计理念

本单元的"综合性学习"是本套教材中首次出现的综合性学习栏目。本次综合性学习活动主要围绕生活中的传统节日展开，既和单元主题密切相关，又与生活紧密结合。

学生可以收集我国传统节日的资料，交流节日的风俗习惯，展示学习成果，感受中华优秀传统文化的魅力。教材在第9课、第10课的课后以及语文园地之前都安排了综合性学习的活动提示，提示了本单元综合性学习的活动内容、活动方式、活动途径和成果展示交流的方式。综合性学习活动分为三个阶段：①组成小组，分工合作收集资料；②小组交流，讨论如何进行学习成果的展示；③展示分享，采用各种形式展示学习成果。

2.作业设计及评价方式

（1）第一阶段：自主拓展学习

①以任务为驱动，引导学生全面了解综合性学习的内容、要求综合性学习内容贯穿本单元。教学伊始应以任务为驱动引导学生全面了解本次综合性学习的要求。通过《古诗三首》的学习，学生对"春节""清明节""重阳节"等传统节日有了一定了解。在此基础上，老师可以引导学生阅读课后的"活动提示"，使学生通过交流讨论明确本次综合性学习的主要任务和如何开展这次活动。引导学生看插图、泡泡和表格，了解收集传统节日相关资料的方法，为后期开展小组自主合作学习做好准备。

②组建小组，讨论并确定准备了解的传统节日。

③按照要求自主开展学习活动。

④评价方式。

活动初期，教师应提前设计评价量表（如表3所示）并告知评价标准，引导学生根据评价细则进行自我评价，并让家长根据此表引导督促学生收集、阅读和整理相关材料。在组建小组时，教师可以引导学生选择活动伙伴并制定简单的活动计划。教师还可以在班级学习园地中设立一个板块，及时张贴学生已收集到的资料作为模板，引导小组不要过于复杂地收集资料，学会整合。

表3 自我评价量表

内容	自我评价	
收集资料	1.能根据小组选定的节日收集资料 2.能自己从书中、互联网上或其他途径收集资料	☆☆☆☆☆
整理资料	1.能记录有关节日习俗、过节过程等方面的资料 2.能根据记录的要点练习介绍人们过节的过程	☆☆☆☆☆
小组交流	1.能积极参与小组讨论 2.能认真听同伴发言，诚恳地提出改进建议	☆☆☆☆☆

（2）第二阶段：小组中期交流

①各小组商定成果的展示方式以及任务分工。

②各小组利用课余时间筹备展示活动。

③评价方式。

借助素养学习单，教师可及时了解小组确定的成果展示方式，并提供参考意见。对于学习能力相对较弱的小组，还可以提供指导。

素养学习单书面评价语的类型如下：

a.鼓励式评语。对优秀小组可以使用如下语言："老师很欣慰，你们小组配合得如此默契！""你们的配合一定会呈现很完美的成果展示"等。对能力较弱的小组，教师也要经常使用鼓励性语言。例如，"看到你们小组的进步，老师和同学都为你们高兴！""你们的点滴进步，老师都看在眼里，喜在心里！"等。

b.期待式评语。针对一些日常学习中努力程度不足的学生，教师可以使用期待式评语。例如，"老师相信你一定会为小组增彩！""老师和同学都期待着你的进步，加油哦！"等。

c.商讨式评语。教师根据不同情况给予适当提示，引导学生自行更正，如"你看这样做是不是更好？"等。通过评语，教师还可以与学生进行更广泛的交流。例如，"你有什么想法，可以写在素养学习单后面"等。

（3）第三阶段：学习成果展示

①个人习作展示。

a.在小组内朗读撰写的有关过节的习作。

b.组内依据标准（如表4所示），对展示的习作进行评价。

c.小组内推选一名代表参加全班交流。

表4　个人习作展示互评表

内容	评价标准	
过节的过程	能写清楚一家人一起过节的过程	☆☆☆☆☆
节日的习俗	能写清楚过节的习俗	☆☆☆☆☆
印象深刻的事	所写的事与过节密切相关	☆☆☆☆☆

②小组汇报展示。

③评价方式。

a.展示前，教师应使学生明确评价学习成果展示的标准（如表5所示），并依据标准进行有针对性的评价。

表5　学习成果展示的评价标准

内容	评价标准	
参与度	小组成员人人参与活动，相互合作	☆☆☆☆☆
自信心	小组成员展示时态度大方，充满自信	☆☆☆☆☆
形式	形式多样，有创意	☆☆☆☆☆
质量	内容丰富，介绍清楚	☆☆☆☆☆

b.展示时，教师需引导学生运用恰当的方式对他人的展示情况进行评价。

c.展示后，教师总结，表扬活动中表现突出的学生和小组，指出存在的问题，并提出完善的方式和方法。

四、实践成效

（一）学生完成情况

总体来看，学生的完成情况较好。从作业时长和完成质量来看，符合预期效果。学生对常规目标作业和素养目标作业的兴趣度较高。通过创设闯关游戏的作业情境，学生在贴近生活的真实情境中理解、感受并运用语言，进行有效的知识迁移，全方面提升学生的综合能力。作业由易到难，根据能力的低、中、高，学生自行选择适合自己的作业选做，调动和增强了学生的学习积极性。

（二）不足与改进

评价是学习中不可或缺的重要环节，而这是本次作业设计所欠缺的。未来，应在每项作业后设置作业评价表，让学生和家长针对该项作业进行星级评价，拓展评价方式和维度。

五、案例反思

作业是锻炼学生学习能力和发展自我的有效途径，有利于巩固学习知识和技能，达到锻炼语言表达能力的目的。

（一）注重趣味性

将作业与生活实际相联系，使其具备一定的趣味性和可操作性，学生在闯关游戏中巩固知识。将作业训练、技能培养与游戏结合，将操作与实际活动相联系，实现作业多样化。

（二）注重个体差异

每位学生都是独立的个体，其发展水平存在差异。设置了必做题和选做题，让学生根据自身实际情况选择作业题目，发挥特长，让所有学生积极参与。

（三）注重可操作性

作业设计不再局限于书写，适当增加了可操作性的作业。这不仅可以满足学生的需要，还能通过多样的学习方式，加深学生对知识的理解。

（1）验证课文。例如，学完《古诗三首》后，让学生根据所学内容画出过传统节日的情景，加深对古诗的理解。

（2）学以致用。可以将语文知识由课内向课外延伸，让学生爱上作业，爱上语文。例如，除了借助关键词介绍包粽子，还让学生动手包粽子，培养学生的表达能力和动手实践能力。

具有学科特色的单元作业不仅能让学生体会到学习的乐趣，还能培养学生的自主参与意识和学习积极性，提高语文学习和实践能力。

作业设计与评价是小学语文教学的重要组成部分。教师需探索科学有效的实践方式，充分认识作业设计与评价对提升教学效果的重要性，根据新课程标准相关要求设计有效作业，积极创新和改革，使作业真正成为促进学生语文能力提升的有效载体。

走近神话故事，感受神话魅力
——四年级上册第四单元作业设计
武汉市光谷第十一小学　鲍家明　唐小凤

一、单元内容解读

本单元以神话为主题，包含《盘古开天地》《精卫填海》《普罗米修斯》三篇精读课文和《女娲补天》一篇略读课文，其中《精卫填海》是文言文。这四篇课文都是按照起因、经过、结果的顺序展开情节，叙述故事。故事中的人物形象鲜明：勇于献身的盘古、坚韧执着的精卫、勇敢不屈的普罗米修斯、甘于奉献的女娲，反映了古代劳动人民对自然和世界的独特理解和神奇想象。

本单元的第一个语文要素是"了解故事的起因、经过、结果，学习把握文章的主要内容"。精读课文的课后题和略读课文的学习提示后，围绕该要素进行了精心编排：《盘古开天地》要求学生讲述盘古开天地的过程；《普罗米修斯》要求学生按起因、经过、结果的顺序讲述普罗米修斯"盗"火的故事；《女娲补天》要求学生在默读课文后讲述故事的起因、经过和结果。

本单元的第二个语文要素是"感受神话中神奇的想象和鲜明的为人物形象"。在此之前，学生已学习了《羿射九日》，对神话有了一些感性认识。本次专门编排神话单元旨在引导学生进一步了解神话的特点，帮助学生形成对神话这种文学体裁的初步认识。篇章页的插图展示了龙、人首蛇身的伏羲、印度猴王哈奴曼、人身鹰头的埃及守护神荷鲁斯以及特洛伊战争中的特洛亚战士和希腊战士，旨在激发学生的阅读兴趣。四篇课文运用多种形式引导学生感受神话神奇的想象和鲜明的人物形象，《盘古开天地》要求学生边读边想象画面，交流故事中的神奇之处，感受盘古伟岸挺拔和无私奉献的形象；《精卫填海》通过结合注释用自己的语言叙述故事的形式，体会故事的神奇之处，感受精卫坚韧执着的性格；《普罗米修斯》通过交流故事中打动自己的情节的方式，感受主人公为人类幸福不畏强暴、勇敢坚毅的美好品格；《女娲补天》则通过发挥想象讲述女娲从各地收集五种颜色石头的过程，感受女娲不怕困难、甘于奉献的品质。"交流平台"引导学生从神奇的想象、鲜明的人物性格、借用神的故事表达对世界的认识等方面总结和梳理神话的特点，并在语文园地的"词句段运用"中予以强化。

本单元的习作要求是"展开想象，写一个故事"，习作主题是《我和____过一天》。教材在三年级的习作中曾设置过类似的话题，在此基础上，本次习作进一步要求学生展开想象写故事。习作内容是选择一个感兴趣的神话或童话人物，想象自己与其相处一天可能发生的故事，进一步鼓励学生大胆想象、乐于表达。

本单元还编排了《快乐读书吧》推荐阅读中国神话和世界经典神话，引导学生进入更广阔的神话世界，了解更多性格鲜明的人物，感受魅力无限的神奇想象，了解祖先在探索和改造世界过程中的独特解释和美好向往，进一步激发学生阅读神话的兴趣。

二、作业设计说明

本单元的作业设计紧密围绕单元要素展开，从读品到写，从课内到课外，层层推进，梯度呈螺旋式上升，既兼顾单元目标，又凸显单元的整体意识，注重学生的归纳整理和发散思维能力。设计形式最大限度地激发学生的学习兴趣，体现了思维和能力的层次性。

三、作业设计目标

（1）通过故事的起因、经过、结果，把握文章的主要内容。

（2）能感受神话中神奇的想象和鲜明的人物形象，总结交流对神话的认识。

（3）能选择一个自己喜欢的神话或童话人物，围绕"我和过一天"展开想象，撰写故事。

（4）能培养阅读中国神话和世界经典神话的兴趣，了解故事内容，能边读边想象，感受神话的神奇和阅读神话故事的快乐，乐于分享课外阅读的成果。

（5）能够根据项目式作业的要求，自主查找相关资料并对进行加工和整理，提高想象力和对神话的喜爱、对传统文化的传承和创新能力。

（6）能在项目式作业中与小组成员有效沟通、交流和合作，完成小组任务，培养团队合作解决问题的能力。

四、作业设计内容

（一）把握神话故事之梗概

1.作业内容

（1）任务一：了解故事的起因、经过、结果，梳理主要内容。

①《盘古开天地》（如图1所示）

走近神话故事，感受神话魅力

——四年级上册第四单元作业设计

（起因）

（经过）

（结果）

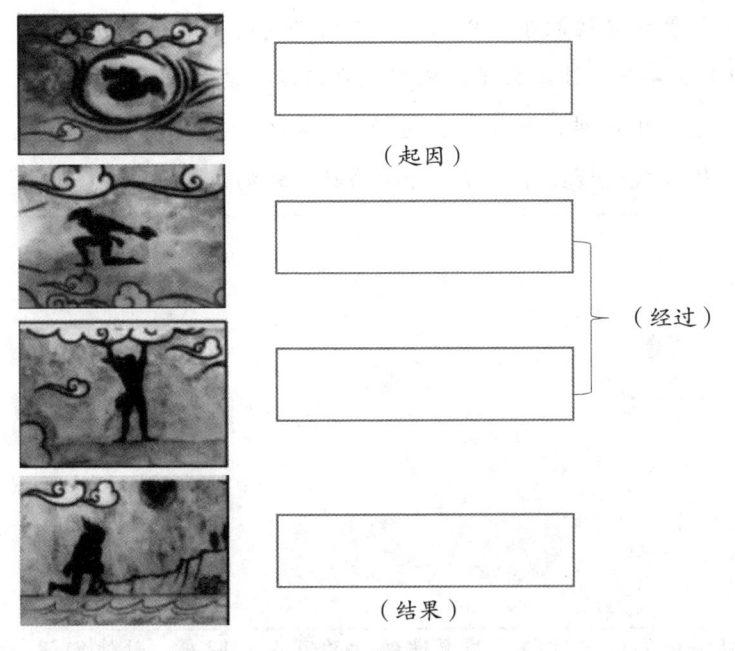

图1　盘古开天地

②《精卫填海》

利用示意图（如图2所示），用自己的话讲述故事内容。

☐ ➡ 溺 ➡ ☐ ➡ 堙

图2　示意图

③《普罗米修斯》（见表1）

表1　普罗米修斯

故事人物		
故事	起因	
	经过	
	结果	

（2）任务二：选择一个最喜欢的神话故事，复述故事。

①小组成员分别选择一个神话故事，借助对应的支架进行复述练习。

②小组展示复述故事的成果，评选故事复述小能手。

（3）任务三：连读神话，梳理主要内容，复述故事。

①阅读《中国神话传说》，选择一个故事，按照起因、经过、结果，使用喜欢的方式梳理主要内容，并填写在下方的方框中。

②根据填写的内容将故事复述给你的家人或朋友，让他们评一评。

2.设计意图

夯实基础，深悟课本，落实单元要素：了解故事的起因、经过、结果，学习把握文章的主要内容。

3.操作说明

（1）完成时间：一周。

（2）完成方式：任务一随堂，任务二小组合作，任务三回家后完成，课堂反馈。

（3）作业呈现方式：复述故事、学习单文字呈现。

（二）探索神话人物之奥秘

1.作业内容

（1）任务一：发现神奇语言。

请阅读中外神话故事，一边阅读，一边做批注。例如：

有个叫盘古的巨人，在混沌之中睡了一万八千年。

> 盘古居然一觉睡了一万八千年！真神奇！

（2）任务二：神力排行榜。

除了书本中出现的四个神话人物，请再从《中国神话传说》和《世界经典神话和传说故事》中选择印象深刻的神话角色，完成榜单（见表2）。（喜欢几个人物就填写几个，看谁的排行榜中神话人物最多，评出最佳评委）

表2 神话人物神力排行榜

英雄人物	主要神力体现	神力指数	神力排行榜
精卫		☆☆☆☆☆	
普罗米修斯			
女娲			
中国神话人物_____			
世界经典神话人物_____			
……			

（3）任务三：我的神力卡片。

请选择五个你最喜欢的神话人物，制作五张神力卡片。卡片内容必须包括神话人物的形象、神力体现和神力指数，其他内容可以自行添加。（卡片大小参考"奥特曼卡片"）

（4）任务四：神力卡片拍拍乐。

同学之间使用神力卡片玩"拍拍乐"的游戏。规则是将神力卡片放在桌子上，用手掌拍卡片，谁能将卡片拍翻过来，谁就能赢得该卡片。

2.设计意图

落实语文要素，引导学生制作"神力卡片"，以喜闻乐见的形式激发学生学习神话故事的兴趣，感受神话中神奇的想象和鲜明的人物形象。

3.操作说明

（1）完成时间：一周。

（2）完成方式：小组合作，课外拓展阅读。

（3）作业呈现方式：学习单文字呈现。

（三）欣赏神话想象之内涵

1.作业内容

（1）任务一：发现神话密语。

这些神话故事都和什么有关？归纳整理至表3中并思考：这是为什么呢？

表3　发现神话密语

神话故事	事物
《羿射九日》《夸父逐日》《羲和浴日》	日
《愚公移山》《沉香劈山救母》《共工怒触不周山》	
《普罗米修斯》《燧人钻木取火》《火正祝融》	
《精卫填海》《哪吒闹海》	
《女娲造人》《亚当夏娃》	人
……	

（2）任务二：发现中西神话异同。

无论东方还是西方，都流传着美丽而神秘的神话故事。让我们一起阅读中国神话故事和西方神话故事，在阅读过程中查找、比较它们的异同，然后与同学们分享。（通过表4梳理思路，记录收获，为呈现结果做准备）

表4　中西神话异同

	相同	不同
归纳观点		
举例说明		

2.设计意图

感受神话故事的神奇想象，更好地激发学生的阅读兴趣，引导学生了解神话故事的神奇想象不分国界。同时，通过对比阅读，能够了解中国和西方神话故事的相同点和不同点，满足学生的强烈好奇心，拓展学生的视野。

3.操作说明

（1）完成时间：四周。

（2）完成方式：在教学前一周提前推荐学生阅读《山海经》《中国古代神话》《希腊神话与英雄传说》《世界经典神话与传说故事》；在教学周引导学生学习课文内容，初步了解课本中的中西方神话故事，布置任务；最后，引导学生以小组为单位，进行内部交流和讨论，收集资料，共同探索，总结归纳，每个小组派出一位代表进行分享。

（3）作业呈现方式：图文形式，课前三分钟演讲分享。

（四）穿越时空之旅行

1.作业内容

通过本单元的学习，我们阅读了许多神奇的神话故事，也认识了许多个性鲜明的神话人物。你最喜欢谁？哪个故事情景让你最难以忘怀？

如果有机会穿越时空，进入神话世界，你想做些什么？比如：加入众神之战？帮助女娲收集五彩石，共同补天？或者前往高加索山，解救普罗米修斯？

2.设计意图

本单元的教学目标之一是"感受神话中神奇的想象和鲜明的人物形象，总结交流对神话的认识"。学生在了解了众多有趣的神话后，一定会对个性鲜明的神话人物留下了深刻印象，也会对故事中的某些情景难以忘怀。通过开展"穿越时空的旅行"活动，赋予学生"超能力"，以21世纪新人类的身份穿越时空，跨越想象世界，去完成自己心中的理想或正义。

这既是对教学目标的再次落实，也圆了每位孩子的想象梦、超人梦、英雄梦，更是对传统文化的传承和创新。

3.操作说明

（1）完成时间：一周。

（2）完成方式：可独立完成，也可合作完成。

（3）作业呈现方式（三选一）：

①神话创编，以单篇写作的方式呈现。

②进行连载，并根据读者反馈调整创作内容，在班级或校园内连载。

③以小报或连环画形式，图文并茂展示。

五、作业效度

本单元作业体现了层次性和思维的发散。首先，学生通过归纳总结能够遵循一定的方法梳理概括神话故事的主要内容。接着，"神力卡"这种有趣的形式激发了学生学习、了解神话故事的兴趣。表格归纳总结为学生提供了方向和方法，使他们在阅读时思路更清晰、目标更明确。最后，落实到写作环节，学生能够顺理成章地发挥想象力，大胆而又合理地进行神话故事的二次创作。

Unit 4 Feelings单元作业设计

武汉市光谷第十一小学　张婷

一、单元内容分析

本单元是外研版Join in三年级下册Unit 4 Feelings。

单元主题：Feelings。该主题属于人与自我范畴；所属的主题群是生活与学习；涉及"个人喜好与情感表达"。

本单元围绕"Feelings"这一主题展开，涉及四个语篇，包括一首歌曲、一段配图独白、一个配图故事和一个游戏图表。

语篇一是一首轻快的歌曲，歌词描述了Toby不同的情感以及Toby相应的动作反应。歌词的语言节奏感强、朗朗上口，配合图片表情让学生能够快速掌握。该语篇旨在使学生形象生动地感知认识情感。

语篇二是一段配图独白，让学生根据所听内容为图片画情绪，旨在让学生根据语言图片来了解和区分不同的情绪。

语篇三是一个配图故事，故事通过描述Mike对待不同事情的情绪变化，旨在让学生学会调控自己的情绪和管理情绪，树立积极乐观的生活态度，建立和谐的人际关系。

语篇四是一个游戏图表，设置了不同的情境，让学生选择相应的情绪单词句子，旨在让学生通过练习进一步认识到不同的人有不同的情绪是正常现象，不要因为情绪来判断他人的好与坏。

　　本单元以"Feelings"为主题，紧紧围绕"争做情绪的小主人"开展学习和探讨活动。教材中的四个语篇形式各不相同，但内容相互关联，紧扣单元主题，构成了三个主题意义，即"感知认识情绪""理解辨析情绪""调控管理情绪"。学生通过对本单元不同类型语言材料的学习，能够运用所学语言介绍自己和他人的情绪，以及合理管控自己的情绪，做自己情绪的小主人，健康快乐地成长。具体框架如图1所示。

```
                         单元主题：Feelings
          ┌───────────────────┼───────────────────┐
     感知认识情绪          理解辨析情绪          调控管理情绪
          │                    │                    │
 ┌────────────────┐  ┌────────────────┐  ┌────────────────┐  ┌────────────────┐
 │ Lesson 1 歌曲与单词│  │ Lesson 2 配图听力│  │ Lesson 3 配图故事│  │ Lesson4 搭配游戏│
 │ 学习五种情绪的英文│  │ 让学生在不同情境│  │ 学习故事，学生要│  │ 在游戏中能够适当│
 │ 表达，了解不同的情│  │ 中来认识情绪、辨│  │ 学会调控自己的情│  │ 地表达情绪，认识│
 │ 绪有不同的反应。 │  │ 析不同情绪、感知│  │ 绪、管理情绪。 │  │ 到有不同情绪是正│
 │                │  │ 他人的情绪。    │  │                │  │ 常现象。       │
 └────────────────┘  └────────────────┘  └────────────────┘  └────────────────┘
          └────────────────────┬────────────────────┘
                         争做情绪的小主人

          ┌─────────────────────────────────────────────┐
          │ 用所学语言介绍自己和他人的情绪，以及合理管控自己的情 │
          │ 绪的小主人，健康快乐地成长。                  │
          └─────────────────────────────────────────────┘
```

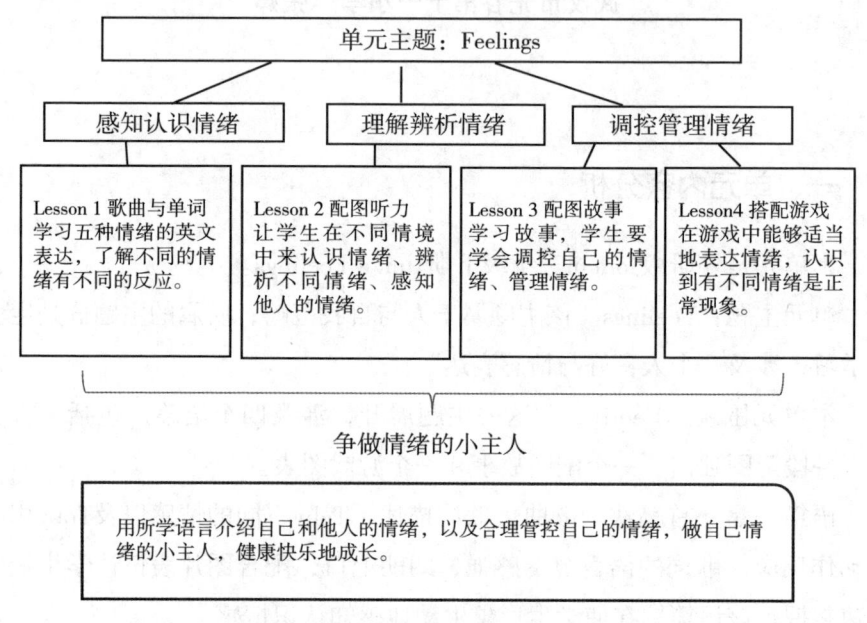

图1　单元主题框架

二、学情分析

　　三年级学生刚接触英语学习，这一时期的主要任务是激发并保持学生学习英语的兴趣与信心。三年级学生年龄较小，天性活泼好动，处于形象思维发展时期，对于图片、视频、歌曲、游戏等非常感兴趣。经过一学期的学习，学生英语学习的情况存在较大的差异，大部分学生已经掌握一些词句和英语学习方法。此外，学生在学习和生活中都会遇到开心、不开心的事情，了解情绪中的喜怒哀乐。因此，在课堂上，笔者会营造出玩中学、学中玩的教学情境，课后也会设计灵活多样、不同层次的课后作业，帮助学生学习英语，培养对英语的热爱。

三、单元学习与作业目标

英语课程标准指出，教师作业设计既要有利于学生巩固语言知识和技能，又要有利于促进学生有效运用策略，增强学习动机。教师应创设真实的学习情境，加强课堂内容与学生生活的联系，设计复习巩固类、拓展延伸类和综合实践类等多种类型的作业，引导学生在完成作业的过程中提升语言和思维能力，发挥学习潜能，促进自主学习。

（一）本单元的学习目标

（1）能够根据听、说、读、写单元核心词汇和句型，并正确使用这些核心词汇和句型进行简单情感交流。

（2）能够在真实情境对话中理解并辨认情感。

（3）能够利用所学语言介绍自己和他人的情绪，以及合理管控自己的情绪，做自己情绪的小主人，健康快乐地成长。

（二）本单元的作业目标

根据本单元的学习目标，制定如下作业目标。

（1）巩固单元核心词汇，积累新的情感单词，能够在真实情境中进行表达。

（2）巩固核心句型，能够运用单元句型"How are you feeling today?"进行简单交流。

（3）能够通过他人的言语或表情，辨析理解他人的不同情绪。

（4）懂得人有不同情绪是正常的，能够合理管理和调控自己的情绪，树立正确的情绪观。

四、单元作业设计思路

（一）整体思路

根据单元教材内容、教学课时和学生基本情况划分作业，以课时为单位，每个课时分别设计基础性作业、拓展性作业以及实践性作业。其中，基础性作业和拓展性作业为必做作业，实践性作业为选做作业。

（二）具体流程

单元目标——教材内容、课时划分——课时1作业、课时2作业、课时3作业、课时4作业。

（三）作业设计要素

（1）以目标为基点，设计作业内容。

（2）以学情为基础，设计作业形式和层次。

（3）以课时作业为单位，编排作业总量。

五、课时作业

（一）第一课时

1.作业一、设计意图、时长及答案资料

（1）作业内容：

Look and write. 参照图2，看一看，写一写。

Unit 4 Feelings 单元作业设计

1. ![tiger] the _____ tiger
2. ![mouse] the _____ mouse
3. ![panda] the _____ panda
4. ![monkey] the _____ monkey

图2　看图写词

（2）作业类型：基础性作业

通过观看动物图片，正确书写、巩固所学的核心单词和复习前面动物单词，培养学生书写和观察能力。

（3）作业时长：2分钟

（4）答案资料：angry　tired　happy　sad

2.作业二、设计意图、时长及答案资料

（1）作业内容：

Guess, write and read.

参照图3，猜一猜，写一写，读一读。

happy sad...

↓

yellow ...

（2）作业类型：拓展性作业

通过建立情感单词和颜色单词的联系，帮助学生复习旧知颜色单词，巩固新知情感，趣味学习。

（3）作业时长：3分钟

（4）答案资料：

happy	sad	angry	afraid	calm
yellow	blue	red	black	green

图3 看图写词

3.作业三、设计意图、时长及答案资料

（1）作业内容：

Make up a new song about feelings in groups and sing. 编一编，唱一唱。

I am happy, happy, happy, and I …

I am sad, sad, sad, and I …

（2）作业类型：实践性作业

通过小组合作学习，共同用所学情绪单词，其他情绪单词和之前所学动作单词、词组等编新歌，学中玩，玩中学，体会学习的快乐。

（3）作业时长：5分钟

（4）答案资料：I am happy, happy, happy, I clap my hands. I am sad, sad, sad, I stamp my feet. I am worried, worried, worried, I listen to music…

4.作业评价：作业一、二 教师评价，作业三自我评价，同伴评价

（二）第二课时

1.作业一、设计意图、时长及答案资料

（1）作业内容：

Look and choose. 参照图4，看一看，选一选。

A. The girl is angry.
B. The boy is angry.

A. She is sad.
B. She is happy.

A. She is scared.
B. He is scared.

A. He stamps his feet.
B. He goes to sleep.

图4 看图选择

（2）作业类型：基础性作业

通过观看图片内容，判断正确的情绪。理解不同情绪的差异以及区分 she/he，boy/girl等。

（3）作业时长：2分钟

（4）答案资料：B B A A

2.作业二、设计意图、时长及答案资料

（1）作业内容：

Make Internet memes. 自制表情包，如图5所示。

（2）作业类型：拓展性作业

通过自制表情包，复习巩固更多情绪单词和句子，动手创作，学生学中玩，玩中学，培养学生动手能力和创新思维。

（3）作业时长：5分钟

（4）答案资料：

图5　情绪表情包

3.作业三、设计意图、时长及答案资料

（1）作业内容：

The Labour Day is coming. How are your families feeling? Make a report about the feelings of your families. 采访记录家人不同的情绪情感。

图6　五一劳动节

（2）作业类型：实践性作业

根据真实的生活情境，创设对话，采访记录下家人面对即将到来的五一劳动节的不同情绪情感（见图6）。

（3）作业时长：8分钟

（4）答案资料：The Labour Day is coming. I am so happy. But I am a

little sad and worried. I have so much homework to do. My mum is angry, she is a nurse, she needs to work for three days. My dad is a driver, he will be busy to make money during the holiday. So he will be tired...

4.作业评价：作业一教师评价，作业二，三自我评价，同伴评价

（三）第三课时

1.作业一、设计意图、时长及答案资料

（1）作业内容：

Act out the story to your friends and say what you learn from the story. 演一演，说一说。

（2）作业类型：基础性作业

通过讲述扮演故事，进一步巩固相关知识点，通过告知自己所学能够激发学生主动思考，培养学生思维能力。

（3）作业时长：4分钟

（4）答案资料：课文34-35页

I know everyone has different emotions and feelings. Sometimes we should control our emotions and be nice to our friends and families...

2.作业二、设计意图、时长及答案资料

（1）作业内容：

Read and share. 读一读，分享你的情绪故事（见图7）。

（2）作业类型：拓展性作业

通过阅读和交流有关情绪的绘本，走出课堂，超越文本，培养学生自主学习、阅读的能力，增强学生交流交际的意识和素养。

（3）作业时长：6分钟

（4）答案资料：We are the master of our emotions and feelings, we should control it correctly...

图7 分享你的情绪故事

3.作业三、设计意图、时长及答案资料

（1）作业内容：

Group work: Make up a new ending of the story of Black Cat Detective and the Mice. 参考图8，小组合作为故事创编新结局。

图8 看图创编故事结局

（2）作业类型：实践性作业

小组合作学习，学思结合，通过改编练习活动，让学生从不同的角度去描述不同的人物，体会人物不同的情感，进一步巩固所学词汇和句型，学以致用。

（3）作业时长：6分钟

（4）答案资料：This is a story about Black Cat Detective and the Mice. One day, the mice were hungry, so they went to a boy's house and stole many things. The boy was sad. He asked Black Cat Detective for help. Black Cat Detective was angry about the mice because the mice always hurt people.After a while, the detective chased and caught them, but the mice were very young, and so tired and scared. And they knew they did a bad thing. Then the detective gave them a chance and told them not to hurt people and steal their food, then let them go. The mice were happy to meet the kind detective...

4.作业评价：作业一、二、三教师评价，自我评价，同伴评价

（四）第四课时

1.作业一、设计意图、时长及答案资料

（1）作业内容：

Look and say. How are you feeling today?/ How do you feel today? And why?参考图9的表情内容，看一看，说一说。

图9　看题说话

（2）作业类型：基础性作业

通过观看图片表情包，学习更多不同情绪，联系生活实际谈一谈自己的心情以及原因，为下文制作心情思维导图提供支撑，也为以后日常交流情感心情提供基础。

（3）作业时长：3分钟

（4）答案资料：

I am feeling happy today. I have an English class today. I like English...

I feel sad today. I can't find my new pen...

2.作业二、设计意图、时长及答案资料

（1）作业内容：

Think and write, finish the mind map about feeling. How are you feeling and how to deal with it？想一想，写一写完成心情思维导图。

```
      ⎫         ⎧
      ⎬ feelings ⎨
      ⎭         ⎩
```

（2）作业类型：拓展性作业

通过学生自己的经验体会或者见闻，写一写知道的情绪有哪些以及面对这种情绪时应该怎么办。这样不仅能够拓展学生书写表达能力，拓展课外知识量，还能培养学生的发散思维和提高对英语学习的兴趣。

（3）作业时长：5分钟

（4）答案资料：

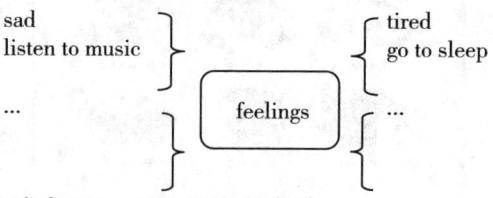

```
sad                    tired
listen to music        go to sleep
...         feelings   ...
```

3.作业三、设计意图、时长及答案资料

（1）作业内容：

Make a mini book about everyday feelings.创作一本记录每天心情的

小书。

（2）作业类型：实践性作业

学生动手制作图文并茂的迷你书，记录自己每天发生的事情，自己的心情，用写日记的形式制作心情书，不仅能锻炼学生的动手能力，还能培养学生的书写能力，绘画能力，提高学生英语学习的兴趣和信心，爱上英语学习。

（3）作业时长：8分钟

（4）答案资料如图10所示：

图10 心情日记本

4.作业评价：作业一、二、三教师评价，自我评价，同伴评价

数据收集和整理（1）例1.2

武汉市光谷第十一小学　黄佳凤

一、单元信息

本单元为数据收集与整理，基本信息、单元组织形式和课时信息如表1所示。

表1　单元信息

基本信息	学科	年级	学期	教材版本	单元名称
	数学	二年级	第二学期	人教版	数据收集和整理
单元组织形式	☑自然单元　□重组单元					
课时信息	序号	课时名称		对应教材内容	
	1	数据收集和整理（1）例1		P2	
	2	数据收集和整理（2）例2		P3	

二、单元分析

（一）课标要求

《课程标准》第一学段的统计与概率领域"数据分类"主题中指出

"鼓励学生运用文字、图画或表格等方式记录并描述分类的结果,体会如何用数学语言表达现实世界,形成初步的数据意识,为后续学习统计中的数据分类打好基础"。基于此,确立本单元的学习主题为经历数据收集和整理过程,发展学生的数据意识。

(二)教材分析

本单元主要学习内容,学生已具备的学习经验,以及后续相关学习内容如表2所示。

表2 学习内容

已学习相关内容	本单元主要学习内容	后续相关学习内容
分类与整理(一下):以经历分类的过程为主,自选标准分类计数,在分类的基础上用非正式的统计表对数据进行整理和呈现	数据的收集和整理(二下):依托熟悉的情境,以收集数据、记录数据和呈现数据为主,从中学习调查的方法并初步了解统计表,对数据进行简单分析,经历统计的全过程	复式统计表(三下):在二年级下册单式统计表的基础上学习复式统计表,进一步积累数据收集整理的经验

本单元教材内容的安排如图1所示。

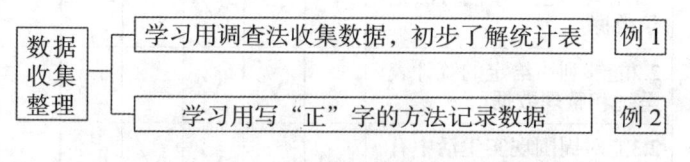

```
数据     ├─ 学习用调查法收集数据,初步了解统计表    例1
收集
整理     └─ 学习用写"正"字的方法记录数据          例2
```

图1 数据收集和整理的教材内容

(三)学情分析

课前对学生进行了分层抽样访谈。访谈的题目是"为了丰富同学们的课外活动,学校准备为每个班级设立一个兴趣活动小组,有以下4种,我们班设立哪个兴趣小组最为合适?要解决这个问题,又该如何去做呢?"通过分析,学生已经了解数据分类和数据整理的初步知识,为本单元进一步学习数据的收集、整理和分析奠定了基础。

三、单元学习与作业目标

（1）在贴近生活的情境中经历简单的数据收集和整理过程，学会用调查法收集数据，学会在分类的基础上用写"正"字的方法记录数据，认识简单的统计表，能够利用给定的统计表呈现和整理数据，如表3所示。

（2）通过对数据进行简单分析，初步体会运用数据进行表达和交流的作用，感受数据中蕴含的信息。

（3）通过对周围现实生活中有关事例的调查，初步体会调查数据的作用，培养数据分析观念。

表3　单元学习目标

主题	内容	单元学习目标	记忆	理解	应用	分析	综合	评价	核心素养
数据收集和整理	用调查法收集数据	1.1用调查法收集数据		√	√				数据意识 应用意识
		1.2认识简单的统计表	√	√					
		1.3对数据进行简单分析				√	√		
	写"正"字记录数据	2.1用写"正"字的方法记录数据		√	√				
		2.2能够利用给定的统计表呈现和整理数据		√	√				
		2.3能对周围现实生活中有关事例进行调查			√	√			

四、作业设计思路

遵循"立德树人"的育人目标，结合数学核心素养的发展，基于以下原则进行作业设计。

（一）层次性

作业设计面向全体学生，考虑到每位学生的独特性和发展性，将作业设计体系进行分层，确定为必做题——基础练习"我可以"和提升练习"我能行"。这两类练习适用于所有学生，注重考查学生对基础知识的掌握程度和基本能力。为了满足学有余力的学生的发展需求，设计了选做题——拓展练习"我挑战"和实践练习"慧数学"板块。具体的设计体系及意图如图2所示。

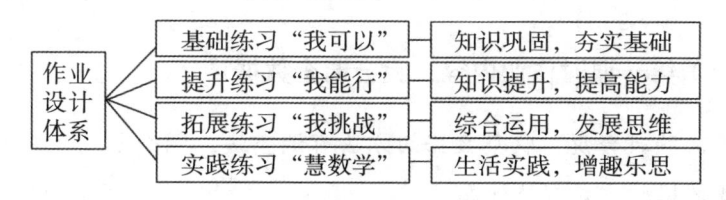

```
                  ┌─ 基础练习"我可以" ── 知识巩固，夯实基础
  作业设计体系 ────┼─ 提升练习"我能行" ── 知识提升，提高能力
                  ├─ 拓展练习"我挑战" ── 综合运用，发展思维
                  └─ 实践练习"慧数学" ── 生活实践，增趣乐思
```

图2 作业设计体系

（二）育人性

结合社会发展和学生学习需要，本单元的授课时间恰逢武汉市垃圾分类宣传活动期间，将"垃圾分类"主题和本单元作业进行整合，宣传"垃圾分类，保护环境"的同时，将劳动教育和数学学科教学融合，引导学生关注生活，渗透德育教育，增加学习趣味，激发学生主动完成作业的热情。

（三）实践性

调查源于生活，亦应用于生活。因此，本单元作业结合"垃圾分类"主题，设定小小调查员的实践活动（如图3所示），与"垃圾分类"紧密联系，创设生活情境。围绕该情境设计了不同层次的实践活动，学生在真实情境中进行调查、记录与分析，培养初步的数据意识和应用意识。

五、作业目录

小小调查员实践活动课时安排如图3所示。具体课时内容如下。

```
小小调查员 ──┬── 第一课时：我会调查数据
            ├── 第二课时：我会记录数据
            └── 单元实践练习：垃圾分类，从我做起
```

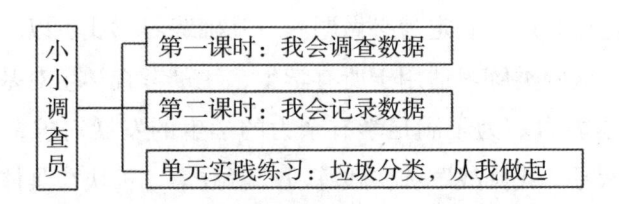

图3　小小调查员实践活动

（一）第一课时作业内容：我会调查数据

知识回顾我会说：收集数据的方法有调查法，调查方式有举手和起立等；呈现数据的方式有统计表。

1.基础练习：我可以

（1）作业类型：基础型

（2）作业目标：指向1.1

（3）作业难度：容易

（4）作业时间：3分钟

（5）作业内容：

3月第4周是"垃圾分类宣传周"，武汉市积极展开形式多样的垃圾分类宣传活动（见图4），共同缔造美好环境和幸福生活。

"践行分类新时尚，绿色低碳我先行。"

同学们，你们听说过垃圾分类吗？

图4　垃圾分类

请你在小组里进行调查，调查小组内同学对"垃圾分类"的了解情况，并将调查结果填入表4。

数据收集和整理（1）例1.2

表4 "垃圾分类"了解情况记录表

对"垃圾分类"的了解情况	听说过	没有听说过
人数		

扫码观看湖北省垃圾分类宣传音乐短片《垃圾分类靠大家》，了解"垃圾分类"

2.提升练习：我能行

（1）作业类型：应用型

（2）作业目标：指向1.2

（3）作业难度：中等

（4）作业时间：3分钟

（5）作业内容：

我们的家庭生活会产生多少垃圾？荣荣对"家庭生活垃圾"进行了调查，在家收集了一周的垃圾，以下是荣荣家庭生活一周的垃圾质量统计表（见表5）。

表5 一周垃圾质量统计表

垃圾种类	星期一	星期二	星期三	星期四	星期五	星期六	星期天
质量	1千克	1千克	2千克	1千克	2千克	3千克	1千克

①一周内，荣荣家星期（　　）垃圾最多。

②一周内，荣荣一家一共有（　　）千克垃圾。

③从统计表里，你还知道了哪些信息？

（　　　　　　　　　　　　　）

3.拓展练习：我挑战

（1）作业类型：应用型

（2）作业目标：指向1.1；1.2；1.3

（3）作业难度：中等

（4）作业时间：4分钟

（5）作业内容：

"垃圾分类，举手之劳；变废为宝，美化家园。"学校开展了"变废为宝"手工制作活动，二（3）班将从图5的①号②号和③号作品中选择一个代表班级参加比赛。

① ② ③

图5 手工作品

表6 作品选择统计表

作品序号	①	②	③
喜欢人数	27	13	10

①根据调查情况（表6），二（3）班同学们最喜欢（　　）作品。

②二（3）班3名同学因为缺勤没有参与调查，如果他们投票，结果可能怎样？

（　　　　　　　　　　　　）

4.实践练习："慧"数学

数据收集整理在生活中有什么用处呢？扫码阅读绘本故事《恼人的水痘》，读懂统计表，回答问题。

5.作业评价

作业评价单如图6所示。

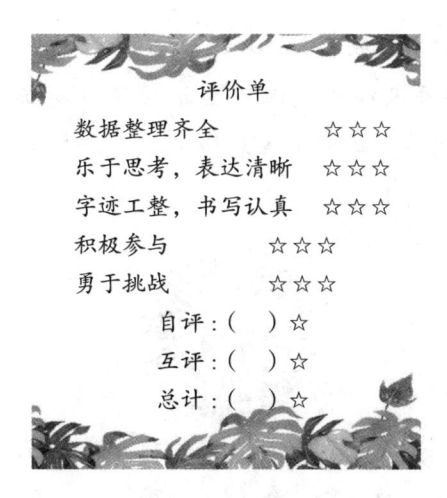

```
        评价单
数据整理齐全        ☆☆
乐于思考，表达清晰    ☆☆
字迹工整，书写认真    ☆☆
积极参与            ☆☆
勇于挑战            ☆☆
         自评：（  ）☆
         互评：（  ）☆
         总计：（  ）☆
```

图6　作业评价单

6.设计意图：以"垃圾分类"为主题，亲历组内调查的过程，选取湖北省垃圾分类宣传mv《垃圾分类靠大家》作为补充资源，提高作业的趣味性及真实性；读懂表格，回答问题，初步体会调查的意义，设计如何选择班级参赛作品的调查活动，初步认识调查在决策中的作用。实践作业"慧"数学提供了绘本资源《恼人的水痘》，结合学生的学龄特点寓学于乐，感受数据调查在生活中的作用。

（二）第二课时作业内容：我会记录数据

知识回顾我会说：记录数据的方法有画"√"、画"○"和写"正"字等。"正"字记录法，一笔代表一票，一个"正"字代表五票。

1.基础练习：我可以

（1）作业类型：基础型

（2）作业目标：指向2.1

（3）作业难度：容易

（4）作业时间：3分钟

（5）作业内容：

你了解垃圾分类的知识吗?武汉市生活垃圾按四个类别实施分类：可回

收物，有害垃圾，厨余垃圾和其他垃圾。

请你将下面的垃圾按照武汉市生活垃圾分类标准进行分类，并用"正"字记录法将对应的数量填入表格中。（分类有困难的同学可以请家人扫描二维码进行查询）

手机盒、灰土、塑料盆、电池、旧牙刷、过期药品、旧抹布、灯管、蛋壳、鱼骨、花生壳、口香糖、纸盒、香蕉皮、温度计、高压锅、过期面包、落叶、茶叶渣、玻璃瓶、用过的纸巾。

垃圾种类	可回收物	有害垃圾	厨余垃圾	其他垃圾
数量				

2.提升练习：我能行

（1）作业类型：基础型

（2）作业目标：指向2.2

（3）作业难度：中等

（4）作业时间：4分钟

（5）作业内容：

荣荣记录了一天内家庭生活垃圾分类的情况。记录结果如下。

其他垃圾	厨余垃圾	有害垃圾	可回收垃圾
△△△ △△△ △△△ △	○○○○ ○○○○ ○○	✓✓ ✓✓	正正正

①请把统计的结果填在下表中。

垃圾种类	其他垃圾	厨余垃圾	有害垃圾	可回收垃圾
数量				

②这一天里，（   ）垃圾数量最多。

③这一天里，（   ）垃圾和（   ）垃圾数量同样多。

④你还能提出其他数学问题并解答吗？

（   ）

3.拓展练习：我挑战

（1）作业类型：应用型

（2）作业目标：指向2.3

（3）作业难度：中等

（4）作业时间：7分钟

（5）作业内容：

学校开展"垃圾分类"宣传活动。如果选择一句作为班级垃圾分类的宣传口号（见图7），选择哪一句好呢？

1. 积极参与垃圾分类，共同呵护绿色家园。
2. 垃圾变宝源自分类，呵护环境始于点滴。
3. 垃圾分分类，大家都不累。
4. 垃圾分类，举手之劳；变废为宝，美化家园。

图7　垃圾分类宣传口号

①请你在班级开展调查，整理数据填入表7。（每名同学只能选择一句）

表7　垃圾分类宣传口号选择统计表

标语序号	1	2	3	4
人数				

②根据调查情况，选择标语（   ）合适。

③我最喜欢标语（   ），最喜欢这句标语的有（   ）人。

④你还能提出其他数学问题并解答吗？

（   ）

4.实践练习:"慧"数学

垃圾分类,从我做起。请你成为小小调查员,结合垃圾分类知识进行调查,完成调查实践单——我是小小调查员。

5.作业评价:作业评价单如图8所示。

评价单

数据整理齐全　　☆☆☆
乐于思考,表达清晰　☆☆☆
字迹工整,书写认真　☆☆☆
积极参与　　　　☆☆☆
勇于挑战　　　　☆☆☆
　　　自评:(　)☆
　　　互评:(　)☆
　　　总计:(　)☆

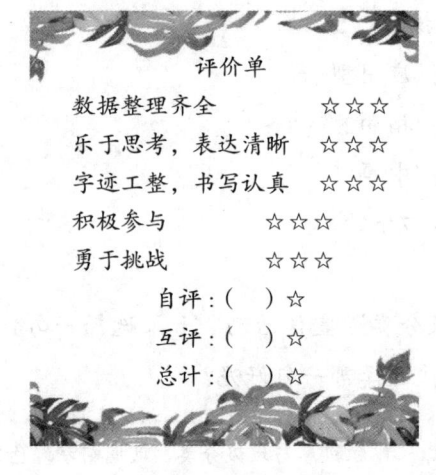

图8　作业评价单

6.设计意图:在了解"垃圾分类"的基础上,结合学习目标设计了3个层次的问题:利用"正"字记录法记录垃圾分类的情况;看懂"正"字记录及其他记录方法,将记录情况整理成数据填写入统计表中;读懂统计表,分析数据解决实际问题,感受数据的价值,培养数学应用意识,体会数据背后中蕴含的信息,落实育人功能。

(三)第三课时作业内容:我是小小调查员

1.我会思考。思考家中可能产生的垃圾,了解这些垃圾怎样分类。

其他垃圾	厨余垃圾	有害垃圾	可回收垃圾

2.我会记录。记录周末两天家里产生的垃圾,并给垃圾分类,(每扔一次垃圾,用你喜欢的方式做好记录,如画"√"、画"○"和写"正"

字等方法）

其他垃圾	厨余垃圾	有害垃圾	可回收垃圾

3.我会整理。将上面表格中记录的结果填入表格。

垃圾种类	其他垃圾	厨余垃圾	有害垃圾	可回收垃圾
数量				

4.我会分析。分析表格中的数据，完成以下问题。

（1）（　　　）垃圾最多，（　　　）垃圾最少。

（2）家里应该多放（　　　）垃圾桶，少放（　　　）垃圾桶。

（3）厨房里应该放（　　　）垃圾桶。

（4）对于垃圾分类，我想说：（　　　　　　　　　　）。

5.作业评价：作业评价单如图9所示。

评价单

数据整理齐全　　☆☆☆

乐于思考，表达清晰　☆☆☆

字迹工整，书写认真　☆☆☆

积极参与　　☆☆☆

勇于挑战　　☆☆☆

自评：（　）☆

互评：（　）☆

总计：（　）☆

图9　作业评价单

6.设计意图：借助第一课时和第二课时的作业经验，自主开展家庭生活中垃圾分类的数据收集与整理，体会数学来源于生活，应用于生活的乐趣，在真实的调查活动中激发学习的主动性，发展四基，培养四能。

人音版小学二年级上册第8课《新年好》作业设计

武汉市光谷第十一小学　屈雅梦

一、单元信息

本单元详细信息如表1所示。

表1　第8课《新年好》单元信息表

基本信息	学科	年级	学期	教材版本	单元名称
	音乐	二年级	第一学期	人音版	《新年好》
单元组织方式			□自然单元　☑组合单元		
课时信息	序号	课时名称		对应教材内容	
	1	演唱《过新年》		第八单元第一课时	
	2	演唱《小拜年》		第八单元第二课时	
	3	聆听《窗花舞》		第八单元第三课时	
	4	聆听《晚会》		第八单元第四课时	

二、单元分析

（一）课标要求

本单元是本册课本的最后一个单元，与中国喜迎春节浓浓的年味密切相关。

（1）通过学唱歌曲让学生充分感受过年的热闹气氛，在演唱具有传统风格的作品中，感受中国传统文化"闹新春"的民俗音乐文化特点。

（2）通过聆听中国风格的音乐作品，感受年文化的魅力。

（3）结合管弦乐曲的聆听，认识我国音乐家、教育家贺绿汀爷爷。

（4）本单元侧重"制作简易打击乐器"的实践与练习，可以亲子合作打击乐器并进行编创节奏练习。

（二）教材分析

本单元紧紧围绕"新年好"的人文主题来表现过新年的民俗特点。

《过新年》是一首欢快、热烈的儿童歌曲，采用了汉族民间音调和秧歌舞的节奏特点，曲调欢快、活泼。尤其是歌中模拟锣鼓音响的衬词"咚咚锵"反复出现，为歌曲增添了热烈欢快的节日气氛，生动形象地描绘了孩子们喜气洋洋过新年的欢乐情景。

《小拜年》是根据湖南花鼓音乐改编而成的儿童歌曲，间奏使用了模拟锣鼓声的"咚咚锵"衬词，增强了欢庆的气氛。热烈欢快的旋律唱出了人们耍狮子、闹龙灯、庆新年的欢乐场面，配上打击乐器后更是锦上添花，给人以身临其境的真实感。

《窗花舞》是芭蕾舞剧《白毛女》中的选曲，舞蹈围绕"旧社会把人变成鬼，新社会把鬼变成人"这一主题，用芭蕾的形式歌颂了中国人民翻身得解放的动人情景，通过一些富有特色的舞蹈段，塑造了喜儿、大春、杨白劳的舞蹈形象。

《晚会》本是一首叫作《闹新春》的钢琴曲，由贺绿汀于1934年创作，1940年改编为管弦乐曲。该曲结构短小、紧凑、旋律优美、朴素，创造性地运用了中国民间锣鼓节奏，形象地描绘了晚会热闹愉快的气氛。

（三）学情分析

二年级的学生在一年级已经养成了一定的纪律常规，对音乐表现出浓厚的兴趣，尤其是对活泼、贴近生活的歌曲更为喜爱。大多数学生已经形成了良好的上课习惯，包括正确的坐姿、安静地倾听和整齐自然地歌唱。在进行齐唱时，有的学生喜欢表现，经常会大声演唱，但有时缺乏气息支持，影响了音乐的美感。老师需要经常提醒他们与同伴相互配合协作。这个年龄段的学生在音准、表现力方面仍有提升空间。另外，需特别关注内向、胆小的学生，尽量让他们在音乐课中感受愉悦的氛围。因此，利用音乐课培养学生良好的兴趣，打好音乐基础是当前的首要任务之一。

三、单元学习与作业目标

（一）单元学习目标

（1）能用甜美、饱满、热情的声音演唱歌曲《过新年》和《小拜年》。

（2）聆听并用肢体语言和打击乐器等多种形式表现乐曲《窗花舞》片段和《晚会》中展示的热闹场景。

（3）能亲子合作简易打击乐器并进行编创节奏练习、探寻年味、讲述舌尖上的美食等活动。

（二）单元作业目标

（1）指导学生用亲切、甜美且富有弹性的声音演唱歌曲，了解过年的习俗，体验过年的欢乐。

（2）通过聆听、表演、探索、编创等多种形式来提升对音乐的感知力。

（3）结合管弦乐曲的聆听，介绍我国音乐家、教育家贺绿汀爷爷，丰富音乐知识，增强学生对管弦乐的审美体验。

四、单元作业设计思路

本单元紧紧围绕"新年好"的人文主题来展现新年的民俗特点。

人音版小学二年级上册第8课《新年好》作业设计

本单元作业设计以《音乐课程标准》（2022版）为指导思想，结合新的教学理念、以新的教学大纲为依据，面向全体学生，突出学生的主体地位，采用聆听、编创、表演、探索等适合低年级学生的灵活多样的设计方法，培养学生主动参与音乐活动的兴趣，提升学生的创新精神和实践能力。在提升学生创新能力的同时，感受中国传统文化"闹新春"的民俗音乐文化特点，感受年文化的魅力。本单元作业设计难易适中，层层递进，可操作性强，通过多种审美实践活动增强学生的艺术表现力和文化自信，将家国情怀种进孩子心中。基于本单元内容，课时作业分为三个栏目："天才小歌星""创新小能手"和"拓展小达人"。每位学生根据自身实际情况任选其中一个栏目，以视频形式提交作业，并附上自评五角星。

"天才小歌星"栏目为基础题：准确表达本单元两首歌曲的音乐形象和情感，将歌曲唱给自己的长辈们听，充分感受中国大家庭迎接春节的欢乐气氛。

"创新小能手"栏目为实践题：通过制作简易打击乐器编创节奏、寻年味、变废为宝制作狮子灯、剪窗花等多种形式对歌曲进行编创，为音乐作业注入生机与活力，让音乐课不仅是知识技能的获取，更是创造能力的激发。

"拓展小达人"栏目为探究题：通过各种方式参与音乐体验，让学生在感受具有传统风格的作品的同时，了解中国传统文化"闹新春"的民俗音乐文化特点，从而提升民族自豪感。

单元检测以班级为单位组织"迎新年"文艺汇演主题活动，通过节目展示、现场知识抢答等形式达到单元质量检测的目的。活动内容丰富，形式多样，包括表演唱、手势舞、视频展示、现场自制乐器演奏等，旨在增强学生对民俗音乐文化的体验，深化学生对音乐知识与技能的掌握，全面考察本单元课程内容所涉及的三维目标达成情况。

五、课时作业

（一）第一课时

1.作业内容

请任选一项，与家庭成员（一人或多人）一起完成，提交作业形式为MP4视频，并在作业中附上自评五角星。

天才小歌星：请跟随伴奏用欢快、活泼、明亮的声音演唱歌曲《过新年》，体验过新年愉快的心情。

创新小能手：请你在家和父母一起制作矿泉水沙锤、气球手鼓、瓶盖响板、吸管笛子、吸管排箫等打击乐器，为歌曲伴奏。

拓展小达人：踏上寻找年的味道的动车，感受民俗文化，弘扬传统文化，度过一个多姿多彩的新年，做一名有家国情怀的少年。请同学们从拍"年照"、写"年联"、画"年画"、诵"年词"、做"年饭"中任选一项（如表2所示），并以视频形式分享。

表2 作业名称和内容

拍"年照"：除夕夜，拍一张横版全家福或拜年的短视频分享给家人和同学，送去新年祝福
写"年联"：贴春联是中国民间庆祝新年的第一件事。每逢新年，家家户户都在门的两侧贴上春联，表达对新年的美好愿望。希望同学们自己动手贴春联并写下来，了解其含义，最好用毛笔亲手写一副对联，感受中华传统文化的魅力
画"年画"：请同学们自己动手画一画年画或福字，可以临摹，张贴在家中增添新年气氛
诵"年词"：历代文人墨客喜欢在新春佳节时创作诗词歌赋，请同学们背诵一首有关新年的古诗词，并拍成小视频分享给家人和同学
做"年饭"：年夜饭是每个中国家庭一年中最重要的晚餐，也是最重要的团聚时刻，希望同学们给妈妈当小助手，和家人们亲手做一桌丰盛的年夜饭

拍"年照"：除夕夜，拍一张横版全家福或拜年的短视频分享给家人和同学，送去新年祝福

2.评价设计

《过新年》作业评价表和具体内容如表3所示。

表3 《过新年》评价表

自选项目	评价标准	水平	自评	互评	师评
天才小歌星□	表演内容丰富流畅；能用欢快、活泼、明亮的情绪演唱	☆☆☆☆☆			
	表述内容完整流畅；能准确地演唱	☆☆☆☆			
	表述内容完整；和家人共同演唱	☆☆☆			
创新小能手□	制作乐器精美有创意；编创合理、演奏准确	☆☆☆☆☆			
	制作乐器；流畅演奏	☆☆☆			
拓展小达人□	视频完整、真实有效	☆☆☆☆☆			
	视频呈现寻年味中的一项技能即可	☆☆☆			

评价说明：本课时作业内容"天才小歌星"为基础型，评价设计三个等级；"创新小能手"和"拓展小达人"为提高型，只设置两个等级，均用五角星表示。

3.作业分析和设计意图

（1）作业分析

天才小歌星：本课学习的基本考察内容，旨在让学生熟练背唱歌曲，感受歌曲的音乐情绪。

创新小能手：为体验实践性作业，让孩子们集思广益，把音乐融入生活，把生活中随手可得的物品变成琳琅满目的乐器。

拓展小达人：在寻年味中感受中国民俗文化的传承。

（2）设计意图

天才小歌星：让学生在演唱具有传统风格的作品中感受中国传统文化"闹新春"的民俗音乐文化特点。

创新小能手：结合作品的聆听，用有意注意的方式创编节奏，表现音乐情绪，培养学生的创新能力和自主学习能力。

拓展小达人：尝试用自己喜欢的方式过一个多姿多彩的新年。

（二）第二课时

1.作业内容

请任选一项，与家庭成员（一人或多人）一起完成，提交作业形式为MP4视频，并在作业中附上自评五角星。

天才小歌星：请将歌曲《小拜年》演唱给长辈们听。

创新小能手：请同学们变废为宝，将纸盒制成狮子灯，边唱边走，将祝福写在灯上，送给家人或朋友。

拓展小达人：许多地方在拜年时亲朋好友会一起品尝舌尖上的年味。请同学们和家人做一道舌尖上的年味，并以介绍这道年味为词，以《小拜年》的旋律为曲演唱（时长不超过2分钟）。

2.评价形式

《小拜年》作业评价表和具体内容如表4所示。

表4　《小拜年》评价表

自选项目	评价标准	水平	自评	互评	师评
天才小歌星□	歌曲演唱完整、准确，且富有感情	☆☆☆☆☆			
	歌曲演唱完整、准确	☆☆☆☆			
	歌曲演唱完整	☆☆☆			
创新小能手□	制作精美、有创意的狮子灯；编创合理；演唱准确	☆☆☆☆☆			
	制作狮子灯；流畅演唱	☆☆☆☆			
拓展小达人□	内容完整、表达清晰	☆☆☆☆☆			
	表情丰富，具有感染力	☆☆☆☆			

评价说明：本课时作业内容"天才小歌星"为基础型，评价设计三个等级；"创新小能手"和"拓展小达人"为提高型，只设置两个等级，均

用五角星表示。

3.作业分析与设计意图

（1）作业分析

天才小歌星：通过演唱歌曲，感受中国迎春节的浓厚年味。

创新小能手：制作狮子灯，渲染春节气氛，身临其境地感受春节氛围。

拓展小达人：自己动手创造快乐，感受音乐中的年味。

（2）设计意图

天才小歌星：在演唱歌曲的过程中，了解舞狮子和耍龙灯，以及载歌载舞过新年的民俗特点。

创新小能手：培养学生的创造能力和动手能力，通过赠送狮子灯感受拜年的场景。

拓展小达人：做一个地道的中国娃，让孩子们自己探寻中国传统的年味。

（三）第三课时

1.作业内容

请任选一项，与家庭成员（一人或多人）一起完成，提交作业形式为MP4视频，并在作业中附上自评五角星。

天才小歌星：请同学们回家后欣赏芭蕾舞剧《白毛女》中的其他片段，并大致了解故事背景。

创新小能手：请和家人一起剪简易窗花来装扮自己的家。

拓展小达人：请大家结合剪窗花、贴窗花的动作随乐曲律动。

2.评价形式

《窗花舞》作业评价表和具体内容如表5所示。

表5 《窗花舞》评价表

自选项目	评价标准	水平	自评	互评	师评
天才小歌星□	大致讲述故事背景，和父母交流感受	☆☆☆☆			
	讲述故事中的某个情节，并和家人交流	☆☆☆			
创新小能手□	独立剪一个简易精美的窗花来装扮房间	☆☆☆☆			
	在父母的指导下制作简易窗花来装扮房间	☆☆☆			
拓展小达人□	完整、大胆地哼唱主题旋律	☆☆☆☆			
	贴窗花时结合身体律动表现音乐	☆☆☆			

评价说明：本课时作业内容"天才小歌星"为基础型，"创新小能手"和"拓展小达人"为提高型，每项设置两个等级，均用五角星表示。

3.作业分析与设计意图

（1）作业分析

天才小歌星：感受乐曲中不同片段的情绪变化。

创新小能手：激发孩子们的创造力，了解中国的剪纸艺术。

拓展小达人：用多种形式参与音乐，从而获得更加丰富的情感体验，以有效的方式参与音乐活动。

（2）设计意图

天才小歌星：通过聆听对比，深刻感受《窗花舞》的轻松、欢快的氛围。

创新小能手：体现喜庆气氛，培养孩子们的审美观。

拓展小达人：在律动中更好地体验音乐魅力。

（四）第四课时

1.作业内容

请任选一项，与家庭成员（一人或多人）一起完成，提交作业形式为

MP4视频，并在作业中附上自评五角星。天才小歌星：聆听《晚会》钢琴版和管弦乐两种不同版本，假期在父母的指导下，搜索并欣赏贺爷爷其他脍炙人口的作品。

创新小能手：和家人一起观看一场有仪式感的春晚，并记录下你最喜欢、印象最深刻、最难忘的节目，与家人和同学分享。

拓展小达人：家人同乐庆新年，请你做一名小小主持人，邀请家人举办联欢晚会。

2.评价形式

《晚会》作业评价表和具体内容如表6所示。

表6 《晚会》评价表

自选项目	评价标准	水平	自评	互评	师评
天才小歌星□	聆听《晚会》钢琴和管弦乐两种不同版本	☆☆☆☆☆			
	聆听贺绿汀的其他代表作	☆☆☆☆☆			
创新小能手□	大胆表达自己的想法	☆☆☆☆☆			
	紧扣最喜欢、最深刻、最难忘的主题分享	☆☆☆☆☆			
拓展小达人□	主持一场家庭联欢会，编创节目进行表演	☆☆☆☆☆			
	了解我国以晚会形式欢度春节的风俗	☆☆☆☆☆			

评价说明：本课时作业内容"天才小歌星"为基础型，"创新小能手"和"拓展小达人"为提高型，每项设置两个等级，均用五角星表示。

3.作业分析与设计意图

（1）作业分析

天才小歌星：丰富音乐知识，了解更多音乐作品。

创新小能手：春晚是现代媒体和传统民俗相结合的产物，也是中国人过年时不可缺少的精神盛宴，总是传播各种正能量，值得孩子们欣赏和铭记。

拓展小达人：体验与父母共度新年的快乐，感受节日氛围，体验成长的快乐，真正实现家校共育。

（2）设计意图

天才小歌星：感受音乐家的精神和民族音乐的伟大。

创新小能手：在这样一个有着特殊意义的时刻，一同观看晚会是陪伴孩子最好的一种具有仪式感的活动。

拓展小达人：勇敢地在集体面前展示自己，耐心等待，按节目顺序表演，提升孩子们的自信心和音乐素养。

六、单元质量检测作业

以班级为单位组织"迎新年"文艺汇演主题活动，通过节目展示、现场知识抢答等形式，达到单元质量检测的目的。活动内容丰富，形式多样，有表演唱、手势舞、视频展示、现场自制乐器演奏等，增强学生对民俗音乐文化的感受体验，深化学生对音乐知识与技能的掌握。

天才小歌星：请以小组为单位，任选本单元中的一首歌曲，并用自己喜欢的演唱形式边唱边表演，感受中国春节文化的魅力。

创新小能手：利用生活物品自制打击乐器，编创节奏。可以现场演奏或在家录制视频展示。

拓展小达人：同学们，请分享一下你们了解到的贺绿汀创作的音乐作品。请利用周末或假期，在父母的指导下上网搜索并欣赏一下。在唱享会上，请以视频的形式与同学们分享。

二年级下册语文第四单元及《彩色的梦》单课作业设计

武汉市光谷第十一小学　王长茜

在"双减"政策的大环境下，当前义务教育阶段存在两大问题：一是中小学生负担过重，学习短视化、功利化问题未得到根本解决；二是校外培训过热，超前、超标培训现象严重。"双减"政策旨在坚持以学生为本，遵循教育规律，关注学生身心健康成长，保障学生休息时间，让学生的学习回归学校，整体提升学校教育教学质量，减轻家长负担，缓解家长焦虑情绪。

在"双减"政策的教育背景下，武汉市光谷第十一小学通过创新课程内容与作业设计，进一步加强"双减"教育背景下学校工作的开展。"双减"减的是过重的作业负担，减的是无效、低效的作业负担，一定是科学有效的"减"，是不以牺牲质量为代价的"减"。

作业是学生课堂学习的有效延伸，是巩固和检测学习效果的有效手段。作为一线教师，如何正确认识作业、科学设计作业、创新作业形式、加强作业研究至关重要。下文中，笔者结合二年级下册语文第四单元及《彩色的梦》的课程教学，探讨单元及单课作业的设计。

一、单元主题

本单元的主题为"童心"。

二、单元分析

（一）单元内容

本单元围绕"童心"主题编排了《彩色的梦》《枫树上的喜鹊》《沙滩上的童话》《我是一只小虫子》四篇课文。这四篇课文题材多样，包括儿童诗、儿童散文和儿童故事，内容富有童心童趣。所有课文均采用第一人称叙述，充满丰富想象，但每篇的想象角度各有特色。

（二）单元教学重点

运用所学词语将想象的内容写下来。

（三）单元课程学习重点

（1）《彩色的梦》要求学生展开想象，仿照课文相关段落写出自己想画的内容；

（2）《枫树上的喜鹊》引导学生根据提供的情境展开想象，借助课文句式写出自己想到的内容；

（3）《沙滩上的童话》要求学生展开想象，运用学过的词语根据故事的开头编写故事；

（4）《语文园地》中的"字词句运用"栏目要求学生仿照提供的句式，借助提示展开想象，用"一会儿……一会儿……一会儿……"组织句子；

（5）"写话"栏目引导学生看图发挥想象，依据词语按时间顺序进行叙述。

（四）单元要素

在此之前，与想象有关的语文要素已经出现了两次：二年级上册第七单元"展开想象，获得初步的情感体验"和二年级下册第二单元"读句子，想象画面"。从"展开想象"到"想象画面"再到"把想象的内容写下来"的编排思路，体现了由易到难、螺旋上升的梯度发展序列。

（五）单元作业目标

（1）认识59个生字，会写34个生字、37个词语，读准"量、泡"2个多音字。

（2）运用所学词语将想象的内容表达出来，先口头表达后书写，详见表1。（能根据情境展开想象，仿照课文相关段落或语句把想象的内容写下来；能根据提示，运用提供的词语编写故事。）

表1　单元作业目标设计

序号	单元作业目标描述	学习水平
1	认识、会写本单元指定字词 认识"盒、聊"等59个生字、读准"量、泡"2个多音字、会写"彩、梦"等34个生字、会写"彩色、脚尖、好像"等32个词语	A知道
2	理解词语在语境中的意思 借助图画、联系上下文、结合语境理解"葱郁、补充、反驳、商量"等词语的意思	B理解
3	能正确、流利地朗读课文 学习和培养默读课文的能力和素养，引导学生在默读时逐步做到集中注意力、不出声、不动唇、不指读	A知道
4	能用自己的话说出文中的重点/主要内容 例如，对于《彩色的梦》一文，能用自己的话说出彩色铅笔画出的梦；对于《枫树上的喜鹊》一文，能说出"我"喜欢的是什么等	C运用
5	运用学到的词语将想象的内容写下来，先说后写，词—句—段—文 能根据情境展开想象，仿照课文相关段落或语句把想象的内容写下来；能根据提示，运用提供的词语编写故事	C运用
6	以"假如我变成了____"为主题，在实践活动（阅读、故事会等）中进行收集、筛选和整理，收录自己最喜欢的充满童真童趣的故事，发挥想象力，完成属于自己的"奇思妙想历险卡"	D综合
7	通过类文阅读，阅读中外充满童心童趣的故事、诗篇，进一步丰富自身的想象力，结合生活实际，自己创设情境，发挥想象力，形式不限，可以画一画、演一演、做一做、唱一唱，如习作（体裁不限）、朗诵、角色扮演、歌舞剧等，并与同学进行分享交流	D综合

说明：
目标1为常规作业目标
目标5为单元作业目标
目标2、3、4、6、7为学期作业目标

三、单元作业设计

根据本单元的主题"童心"与"想象",本单元的作业设计以情境任务——"我的大冒险"为载体,学生分别在"彩色梦境""渡口枫树""海边沙滩"和"郊外丛林"四个不同的场景中扮演不同的角色,完成相应的任务。历险成功即可在相应的任务栏中贴上老师发放的通关贴纸。从初入"彩色梦境"→"郊外丛林"冒险成功,共四个等级。

其中,冒险闯关任务为基础和巩固作业,属于必做类;衣食住行任务为提升和综合作业,可选做。考虑到学生的差异性,每项作业均设有分层评价。

如下,笔者将以《彩色的梦》一课为例,在单元作业设计的大框架下具体讲解此课的作业设计。

课例设计——以《彩色的梦》为例

(一)冒险闯关任务一(学生独立完成,此任务对应单元作业目标1)

1.长周期作业(完成时间约为15分钟)

初步阅读充满童话色彩的刊物(口头)。

制定阅读计划,确定固定的阅读时间和方式,并按照阅读计划完成课外阅读。

例如,我准备每天看( )页,用( )天看完这本书。

设计意图:

制订明确的读书计划,明确每日阅读内容,并将准确的数据记录下来,不限于本课、本单元、本册书。这是一个日积月累、丰富自身的过程。

2.预习作业(完成时间约为10分钟)

了解表2中的生字、新词(口头+书面)。

《彩色的梦》预习单

第一步：朗读课文，标节序（本课共有____小节）

第二步：再读课文，标画字词（听范读，朗读，圈出生字，画出新词）

其中，有这些字我在读第一遍的时候没读准：_____

第三步：查字典，认生字（查字典，学习课后"生字表"中的生字）

第四步：学习"会写字"

表2　生字表

生字	音序	音节	部首	结构	组词（2个）
彩					
梦					
森					
拉					
结					
苹					
般					
精					
灵					

【读读记记】

彩色　脚尖　森林　雪松　苹果　精灵　盒子

聊天　草坪　叮咛　烟囱　一般　葱郁　拉手

其中，有这些词我觉得有些难读：_____

其中，有这些词我觉得不易理解：_____

第五步：我是梦中"小导游"

请你化身彩色梦境的小导游，为梦境进行宣传推广，进而使用语言，介绍自己喜爱的一个梦境，由同学投票选出哪个梦境最具吸引力。快来带领全班同学一起领略美妙绝伦的彩色梦境吧！

设计意图：

在学习课文之前朗读且读熟课文可以为课堂学习做好铺垫。课前预习认读字词时，学生可以借助字典扫除朗读障碍，有助于朗读课文和了解课文内容。对于不熟悉的字词可以做标记，在课堂上向老师请教或与同学交流，这可以加深印象，更准确地识记。

梳理课文内容——通过"做小导游"介绍梦境的方式，对课文的主要内容大致进行了解，培养学生认真朗读课文的能力，同时训练学生提取关键信息的能力，为以后学习概括课文主要内容做铺垫。这种方式能使学生的优势智力得到发展，让学生展示自我、体验成功。学生喜欢富有趣味的作业，从而促进学习。

3.随堂作业（完成时间约为10分钟）

完成课文朗读（口头）、字词我会写（书面）。

《彩色的梦》随堂作业

（1）照样子组词

    彩（彩色）（色彩） 梦（　　）（　　）

    森（　　）（　　） 精（　　）（　　）

（2）照样子变一变，变成本课所学的字并组词

    例：钉_叮_（　叮咛　）

    踩____（　　　） 洁____（　　　）

    坪____（　　　） 晴____（　　　）

（3）分类小行家

    按照结构的不同，请将相同结构的字写在一起：

    左右结构：

    上下结构：

    包围结构：

    单一结构：

设计意图：

认识、会写每课的生字是本单元的基础目标，教师必须在课堂上落实到位。在第三项设计中，笔者并没有让学生简单地读写生字，而是让他们区分不同生字的结构并进行归纳整理，使学生在预习时就开始思考，融入学生的思考，调动学生的思维。这种发现学习、意义学习远比接受学习、机械学习更能引起学生的兴趣。同时，这也锻炼了学生知识迁移、总结归纳的能力，提高了学生的抽象思维能力。

（二）冒险闯关任务二（学生独立完成，此任务对应单元作业目标2、4、5）

1.结合语境、图画理解词语并运用（口头）（完成时间约为10分钟）

在《彩色的梦》一课中，可以借助图画（如图1所示）使学生理解"葱郁"：让学生观察雪松的颜色、长势等，从而理解"葱郁"表示"青翠茂盛"。让学生在理解词语的基础上，边朗读边想象文中所描述的场景，并运用"葱郁"这个词语进行口头造词组和造句。

图1 雪松

设计意图：

本课的课后第一题要求学生能边读课文边想象画面，而这种想象建立在理解字词句的基础上。而单元教学重点在于"运用学到的词语将想象的内容写下来",其中包含了第三篇课文《沙滩上的童话》课后第二题:要求学生使用提供的词语续编故事。纵观整个单元,对于学生的学习要求呈逐步递增趋势,因此,第一课《彩色的梦》的作业设计必然需要为后续的综合性作业做好铺垫。

2.通过场景变换视角,进行创造性复述(口头)(完成时间约为5分钟)

即能用自己的话说出文中的重点/主要内容。

以《彩色的梦》中所呈现的用彩色铅笔画出的三个梦境为拐杖,让学生用自己的话分别进行描述。

设计意图:

此次作业的创设是在前一项任务的基础上建立起来的。在理解文中词语和课文内容的基础上,对学生提出了更高层次的要求,将课文内容内化,能用自己的话说出文中的主要内容。在创造性复述的练习中:通过不同的场景来变换视角是一种非常重要的方式。为了使学生充分掌握这一方法,课堂上老师进行示范后,要让学生在小组内练习并进行口头尝试。

3.内化课本知识,创造性仿写(口头+书面)(完成时间不定,基础较好者为10分钟)

自己动笔写一写:仿照课文第二或第三小节,创作出你自己的"彩色的梦"。

课文第二节仿写给学生提供一个支撑框架,让学生填写自己想象的事物:

　　　　　脚尖滑过的地方,
　　　　　大块的____,____;
　　　　　大朵的____,____;
　　　　　大片的____,____;
　　　　　____——____!

课文第三节仿写给学生提供语境,让学生发挥想象力:

"在热闹的池塘边""在丰收的果园里""在碧绿的田野里"等引导学生根据文中段落的特点,运用拟人、比喻的修辞手法,将自己的想象用诗歌形式表现出来。

设计意图:

此次课堂作业的创设是建立在本单元要素及学习目标基础上,难度逐渐递增。从《彩色的梦》能仿写选段,到《枫树上的喜鹊》能仿写句子"一会儿……一会儿……一会儿……"能够根据提供的语境填写人物的对话,再到《沙滩上的城堡》能根据提供的词语和前提编写故事。最后到语文园地四中根据四幅图和时间顺序进行写话。逐层加大作业的难度,使学生能够拓展延伸知识,迁移运用语言,直至能够综合运用于书面表达之中。

(三)支线任务(自选说一说/写一写,课后作业,此任务对应单元作业目标6)

以"假如我也变成了____"为主题,在实践活动(阅读、故事会等)中进行收集、筛选和整理,收录自己最喜欢的充满童真童趣的故事,发挥想象力——假如你也变成了书中的主人翁,你会有哪些奇妙的经历呢?以此完成属于自己的"奇思妙想历险记"。

设计意图:

此次课后作业是一项具有选择性的实践作业,更能适应不同层次学生的发展。学生可以根据自身情况自由选择,能力较弱的学生可以选择先口头表达,能力较强的学生可以完成对应习作,为后续语文园地四的习作打下基础。通过这种方式,各层次的学生在原有基础上都能获得最优发展,从而解决学生"吃不了"和"吃不饱"的现象。

无论哪种课型,还是哪种文体,语文教学的核心任务是引领学生从学习语言走向运用语言。通过对课文的逐层学习,学生由识字—解词—造句—写段—习作,层层递增地逐步引导学生,更有效地指导他们将所学知识迁移运用到单元的习作中。

（四）最终闯关任务（课后任务——合作完成，此任务对应学习板块7）

通过类文阅读，阅读中外充满童心童趣的故事、诗篇，进一步丰富自身的想象力，并结合生活实际，自己创设情境，发挥想象力，形式不限，可以画一画、演一演、做一做、唱一唱，如习作（体裁不限）、朗诵、角色扮演、歌舞剧等，并与同学分享交流。

（1）画一画：《彩色的梦》中还会有哪些梦境呢？请同学们试着画出来。

（2）演一演：与同学或家长合作，共同演绎《我是一只小虫子》中小虫子和它的朋友们的生活吧！

（3）做一做：你能为表演《沙滩上的童话》中拯救公主故事的同学们，制作属于"战士""魔王"和"公主"的头饰和服装吗？

（4）唱一唱：《我是一只小虫子》中小虫子的生活真不错！它快乐的时候就会情不自禁地大叫、放声歌唱，你也能唱出小虫子的快乐吗？试一试吧！

（5）读一读：你还想知道其他充满了想象力的故事和诗歌吗？课后找一找，我们开展一个交流会，分享属于你的故事吧！

（6）写一写：你也能像文中的主人翁一样，发挥想象力，编织属于自己的"童话"故事吗？开动小脑筋，动笔写一写吧！

设计意图：

此项作业是基于本单元作业目标的核心——运用学到的词语将想象的内容写下来的创新设计。这既注重了单元要素"童心"和"想象"，又关注到学生的作业选择性——关注学生不同的学习风格，运用多元智能的小学语文作业设计。通过这样的方式，不同天赋的学生、对不同领域感兴趣的学生都能得到充分发展。

同时，此项作业注重学生的自主学习。学生可以根据自己的学习状况、知识类型选择自己喜欢的方式展示学习成果。每个学生的"土地"相等，种何种作物，如何耕作，那就是八仙过海、各显神通了。

四、作业批改与反馈

（一）"双减"政策下，如何做到对教师减负？

（1）减少重复作业，减轻学生负担，同时也减轻教师负担。

（2）提高教师工作效率，对于无效的讲解、重复的练习、无探究意义的问题以及过度的发散等消耗大量时间和精力的工作，可以减少。

（3）提高作业实效，要改进作业批改与反馈的方法，避免无效劳动，让作业发挥最大的效益。

（二）课前、中、后三步

1.课前预习

批改方法：小组内成员轮流担任"小老师"进行批改，并（在预习单或书上）签上姓名。

评价方法：连续三篇课文预习完成度高、质量好的学生可以获得一颗星星贴纸（十颗星星可兑换文具小礼品）。

操作依据：签名担任"小老师"有助于树立责任感；星级评价直观且更具鼓励性。

2.课堂练习（听写、造句等）

批改方法：教师随堂面批（若是口头作业即口头点评）。

评价方法：连续3次得甲+的学生可以获得一颗星星贴纸。对于班级普遍性错误和重复性错误，教师要在单独的习题课中进行讲解，确保学生真正理解犯错原因并学会改正。

操作依据：注重过程性评价，使学生认真对待每一次作业。

3.背诵课文

批改方法：小组长检查组员的背诵情况，小组长之间互查。教师进行抽查，如发现互相隐瞒包庇，由教师进行摘星处理。

评价方法：教师根据组长的记录和抽查情况及时进行表扬和批评。

操作依据：分散了背诵的任务量，借用同伴互助的力量激发学生背诵的热情。

4.仿写、习作

批改方法：首先，学生之间模仿教师的批改习惯互相批改，要求有眉批、改错字、有总批，并签上姓名，再由教师批复。教师分配作文本时注意，将优秀生的作文本分给学困生批改并借鉴学习，将学习困难学生的作文本给中等及以上同学批改才能取得良好的效果（低年段因尚未涉及较长的习作，仅由教师批阅。）

评价方法：获得2次优秀作文可得一颗星，教师还要关注该作文批改后的修改情况，并在班级习作课中进行讲解。

操作依据：同学互写评语锻炼了学生的遣词造句能力。学生表现积极，常为某个评价措辞展开激烈讨论。

5.课外阅读

批改方法：教师设计符合低年段学生学习特点的课外阅读卡/阅读存折，每两周检阅一次。每次语文课前5分钟进行多种形式的交流，教师和学生共同进行现场点评。

评价方法：教师每两周浏览一次全班的课外阅读卡/阅读存折，选出表现优异的张贴在教室展示。

操作依据：上课铃声响起后的3分钟是学生注意力尚未完全集中的时间段，教师利用这段时间进行阅读表的展示能吸引大家的关注，不仅能使学生迅速安静下来进入课堂状态，而且能让学生感受到轻松愉快的自主学习氛围，还给予他们展示自我的机会。

五、作业管理机制

（一）让学生学习更好地回归校园

首先，明确作业的概念——谁布置给谁？这里指的是"学校的老师"布置给"学生"，而非校外机构、培训班的老师。让学生的学习回归学校，而非校外。

其次，严格控制课外作业量。1～2年级不布置书面家庭作业；三年级的作业量不超过30分钟；四年级的作业量不超过45分钟；五六年级的作业量不超过1小时。

（二）科学合理布置作业，注重完成的时空

教师应科学、合理地布置作业，最重要的是充分利用课堂教学时间和课后服务时间，加强对学生的作业指导，培养学生的自主学习和时间管理能力。重点在于——作业完成的时间要适宜，作业完成的空间是学校内。

教师要充分利用课后服务时间加强对学生作业的指导，争取让小学生基本在校内完成书面作业，帮助中小学生巩固知识、培养能力、养成习惯。教师可在完成书面作业之余，安排科学探究、体育锻炼、艺术欣赏、社会与劳动实践等不同类型的作业。严禁将课后服务作业指导变为集体教学或集体补课。

教师设计作业要符合学生的年龄特征，确保学生能够独立完成，作业难度不得超过国家课程标准的要求。教师要在布置作业前及时沟通，确保学生完成作业不超时。朗诵、背诵、默写等作业统一纳入家庭作业总量时间，不得给学生布置机械性、重复性、惩罚性的家庭作业。学科教师可在基础作业之外，根据班级学生的实际情况布置微量的进阶类型作业，供学有余力的学生选做，不得强制所有学生完成。学校要定期检查和统计各年级作业的总量和批改情况。

（三）良性的作业系统运作

即作业设计→作业布置→作业批改→统计分析→讲评辅导的循环闭合作业系统。

（1）作业布置要细致，不可抽象化；

（2）作业的批改要及时，全批全改，及时向学生反馈作业批阅结果，帮助学生分析学习中存在的问题。提倡作业批改时写评语，语气要和蔼，对学生的错误用委婉的语言进行表达，多使用表扬和激励的语言。不得要求家长代批，也不得要求学生自批自改。

（3）作业的反馈要及时，并进行全班整体情况的统计分析，了解班级的整体学习情况以及每个学生的个别情况。

（4）讲评辅导要认真细致，确保学生真正理解自己的错误、错在何处以及如何改正。下一轮作业设计应根据上一轮作业的完成情况进行及时调整。

优化设计，为作业赋能
——以部编版三年级语文下册第四单元为例

武汉市光谷第十一小学　王欢

基于"双减"教育背景，小学语文教师积极拓展教育理念，通过有效的语文作业设计提升了学生的知识应用能力，并在实践教学中，深化了学生的语文应用思维，培养了学生的语文文化素养。因此，本文以"小学语文提升类作业教学"为研究对象，对"基于小学语文教育背景之下的提升类作业的实践路径"进行深入探究，以期得到有效的教学方式和创意作业，为更多教师提供参考建议。

一、单元解读

本单元以"观察与发现"为主题，编排了《花钟》《蜜蜂》《小虾》三篇课文，从不同角度介绍了作者留心观察获得的各种发现。在授课时，为了帮助学生更好地理解与吸收，教师对单元内容进行了整合，先学习《花钟》和《小虾》。通过精读《花钟》，引导学生学习根据关键语句概括一段话的意思的方法，然后通过略读课文《小虾》，对已学方法进行巩固和运用。

本单元的习作要求是"观察事物的变化，把实验过程写清楚"。为了更好地完成本次习作，先学习《蜜蜂》这篇课文，了解昆虫学家法布尔的实验方法和步骤，再结合科学课，提前引导学生选择简单易做且安全的实验，引导学生自行观察实验过程并完成实验记录表。最后，与《语文园地》中的"词句段运用"相结合，将观察实验过程中获得的认识或感受、引发的思考等标注在实验记录表相应的位置上。

二、作业设计内容

（一）观察植物做小报

小学中年级的学生大多缺乏敏锐的观察能力，写作时不善于从熟悉的事物中发现新元素，因此，此环节的教学重点聚焦"观察"积累的指导，再通过拓展阅读，进一步巩固和强化学生观察的方法，促进学生观察和写作能力的提高。

1.设计特色

基于此，教师在执教《花钟》时，明确教学方法后，投入到课文中，引导学生通过小报的形式，找到相应的动词，并将内容串联起来，深化学生对课文内容的理解与感悟。这一过程不仅深化了对课文的理解，还锻炼了学生的语言表达能力。学生可以根据不同花儿的开放时间，完成属于自己的"花钟"，可以用文字写出花名，也可以用图画勾勒花的特点。

2.设计目标

学生对课文有了初步的认识，不仅限于课堂教学。在教师举办的《花钟》小报分享活动（如图1所示）中，多元化小报的巧妙运用不仅为学生们指引了清晰的阅读流程，更是对书籍内容进行了抽象总结和升华，这将极大地提升学生的阅读能力。

图1 《花钟》小报

（二）作业超市常积累

1.设计理念

教师执教《小虾》时，有效地落实"减负提质"教学理念，引导学生了解细致的观察可以让我们对事物有更多的了解，进而感受观察的乐趣，可以适当积累文中的好词好句，深化学生的日常积累能力。

2.设计特色

教师以作业超市为契机：

画一画：画几只小虾。

读一读：有感情地朗读课文。

抄一抄：摘抄文中你喜欢的词句。

写一写：写一种你喜欢的小动物。

查一查：我国有哪些珍稀动物？你最喜欢哪一种？

丛书中的《虫儿飞》与本文有异曲同工之妙，作者也是通过对小虾进行长期观察后，生动细致地描写了小虾不同状态下的有趣形态。通过阅读对比，可以帮助学生积累生动的语句，掌握观察的方法。

3.设计环节

环节一：欣赏名画，积累名句

通过介绍齐白石画画的故事，引出本单元的单元主题：留心观察。接着进入文本，引导学生发现《小虾》是一篇略读课文，明确本节课所学的课文类型。

　　请学生自由朗读课文，读准字音，读通句子，教师可以通过创设情境检测学生识字情况。随后，请学生思考并交流：作者围绕小虾写了哪些内容？初识小虾的有趣。

　　这一环节从发现小虾有趣入手，重在引导学生品味课文中准确精当的用词，体验优秀作品的语言魅力，感悟好的作品离不开作者细心观察和生动记录，同时创造各种情景让学生朗读。

　　环节二：对比阅读，好句感悟

　　请学生再读第三自然段，思考作者是用怎样的方式去感受小虾的有趣，指导学生发现作者为了全面地描绘小虾，特意创造条件用小竹枝去挑斗小虾，得以让不同状态的小虾呈现在我们面前，感受小虾的有趣。这种观察是改变事物的变化来进行观察，也称为变式观察，通常会带来新的发现。

　　在学生理解了变式观察后，对比阅读主题丛书中《虫儿飞》的二三自然段，让学生交流作者在童年时是如何观察蚂蚁的，找出文中描写生动的语句。学生通过阅读后交流，可以发现这两个自然段中作者同样通过改变蚂蚁活动的状态，观察到"丢下一块馒头片"时，"馒头片拿走"时，"用樟脑丸在蚂蚁周围画个圈"时，蚂蚁都有着不同的有趣表现（如图2所示）。最后，借助表格，引导学生发现作者观察的细致、语言的生动。

图2　学生描述小虾

优化设计，为作业赋能
——以部编版三年级语文下册第四单元为例

（三）思维导图绘语文

1.设计特色

在学习文本时，教师先带领大家阅读课本中的"资料袋"，充分利用教材资源，对作者法布尔进行评价和定位。走进课文后，教师呈现了不同的蜜蜂形象，学生们看到一系列蜜蜂的形象后非常高兴。随即，教师发问："你们对蜜蜂知识了解多少呢？"一阵激烈的讨论使得导入时间比较长，但是学生们充满热情，这是十分值得的。

2.设计目标

在理清文章脉络后，教师们把重点放在重点段落上。教师设置了另外一个问题，让学生描述法布尔实验的过程。突然抛出这个问题，让学生感到有些吃力，因此教师提示他们使用"先……接着……然后……最后……"这样的连接词进行描述。同同时，教师提醒学生注意寻找动词，通过动词和连接词的配合来叙述过程，引导学生使用思维导图来阅读课文，并思考问题。

思维导图的合理使用能使教学更为系统，帮助学生构建清晰的知识网络。教师以《蜜蜂》一课具体展示了学生绘制的思维导图（如图3所示）。这些导图或美观或细致，无一不展示了学生们脑海中碰撞的思维火花。

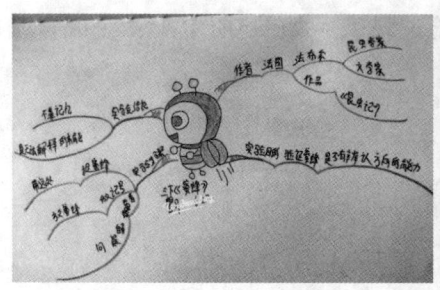

图3 《蜜蜂》思维导图

（四）科学实验相结合

1.设计特色

教师执教习作《我做一项小实验》，通过日记教学的形式，引导学生结合科学课中完成的实验，填写实验清单，完成实验记录。

在本单元的作文部分，我们延续了"先写后教"的思路，先简单介绍单元习作页，了解习作要求，布置完成实验记录单，完成作文初稿。根据学生作文情况，确定课文教学的侧重点，并以此指导学生有目的、有方向性地修改作文。

2.设计目标

（1）了解写作要求，完成作文初稿

①揭示习作

同学们，本单元的习作是要写一写你们做的一项小实验。

②讲解实验记录表

教师可以先借助实验记录单来记录实验的主要信息，梳理实验过程。以"纸屑跳舞"的实验记录单为例，向学生简要介绍如何填写实验名称、实验准备、实验过程和实验结果。

③让学生在周末选择自己感兴趣的实验动手做一做，并将《摩擦起电》（如图4所示）的小实验视频发送到班级群中，供其他学生参考。请学生按照语文书上的要求填写实验记录表（如图5所示），完成自己的作文初稿。

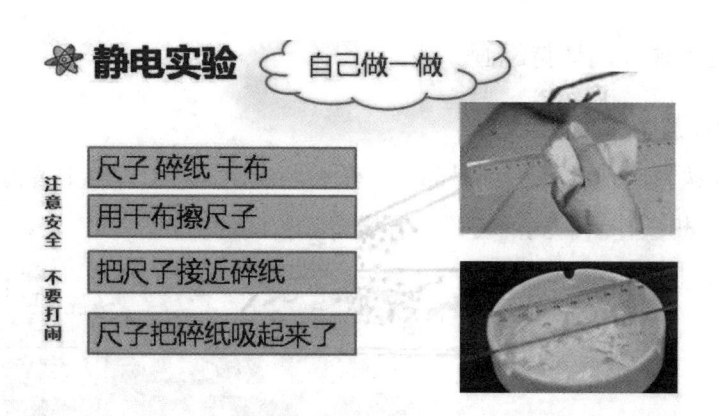

图4 静电实验流程

图5 学生填写的实验记录表

设计意图：先明确写作要求，再让学生进行实验，填写记录表时就会有的放矢。小学生能接触到的实验不多，实验视频简单易操作，便于学生模仿。

（2）誊抄作文，再次展评

①学生认真誊写修改后的作文。

②教师批阅后，展示优秀作品。

设计意图：作文的修改尚未结束时，包括在誊写过程中，学生可能会有新想法，会继续修改自己的作文。让学生运用所学方法修改、完善自己的作文，这是又一次知识的内化。

（五）课外阅读诗配画

1.设计意图

教师执教园地的日积月累部分《滁州西涧》时，让学生诗配画（如图6所示），想象作者看到的美景，感受诗人苦闷的内心。

图6　学生的诗配画作品

2.设计目标

这首诗是作者写于春天的诗，结合学生在本学期第一课所学的三首诗，在春天我们都充满期待。但是为什么韦应物所写的春天却是如此无助和无奈呢？这需要我们了解韦应物生平的经历。这首诗是韦应物在滁州任上写的诗，那时他已经失去了皇帝的庇护，只能自己打拼。而曾经得罪过的人又在疯狂地报复他。因此，他在官场不得志，心情也不舒畅。这首写景的诗实际上是在通过景色表达自己的情感。这也印证了王国维曾经说过的"一切景语皆情语"。

在记忆和背诵这首诗时，教师可以两句为一组进行记忆。每一组都是一个镜头。第一组镜头是从下（涧边生的幽草）到上（深树上黄鹂在鸣叫）。第二组镜头是从上（晚来急雨）到下（野渡无人舟自横）。最后，教师引导学生通过这两个镜头进行记忆和背诵，并以诗词配图画的形式加深学生的理解。

三、作业效度

"双减"的核心在于减负提质，要想在减少作业数量的同时巩固学生的基础知识并发展学生的思维能力，就要在作业设计上下功夫。根据教材确定教学目标，搭建学习支架，并根据具体情况灵活调整教学内容，可以有效避免学生机械性和重复性的作业。

"游戏博弈算法的策略分析之谁是必胜客"作业设计

武汉市光谷第十一小学　沈梦婕

一、学情分析

四年级学生的年龄在9～10岁之间，他们的学习能力、注意力和自主学习能力都在不断发展。在这个年龄段，学生对新知识充满好奇心，但也容易分心。因此，在教学过程中，教师需要采用生动有趣的教学方法，激发学生的学习兴趣。

在学习"必胜策略游戏博弈算法的策略分析"这一课程之前，学生已经掌握了一些基本的计算机操作技能，如使用键盘、鼠标等。此外，他们还学习了一些简单的编程知识，如循环、条件判断等。这些知识为学生学习本课程打下了坚实的基础。

然而，学生在理解博弈算法的过程中可能会感到困惑，难以将理论知识与实际操作相结合。此外，部分学生在编写程序时出现了错误，导致程序无法正常运行。针对这些问题，教师需要耐心指导，帮助学生解决问题，以提高他们的学习效果。

二、作业目标

"必胜策略游戏博弈算法的策略分析"作业详细目标如表1所示。

表1　"必胜策略游戏博弈算法的策略分析"作业目标

STEAM教学目标	S（科学）	T（技术）	E（工程）	A（艺术）	M（数学）
信息意识	通过记录每轮游戏实验结果，进行科学实验，探索游戏策略	学生能够理解游戏博弈中的算法对策略的重要性	构建由简至难的科学实验，按照科学实验方法进行游戏实验	创意设计必胜程序作品中需要的角色、背景	将游戏过程记录为科学数据，发现数学规律，总结归纳必胜策略
计算思维	将科学实验中发现的数学规律用自然语言描述，并转化为流程图	利用算法流程图，对必胜程序进行编程思路梳理	利用慧编程中的条件判断语句"如果，那么"指令设计实现必胜程序	编程项目优化，对必胜程序进行优化，使作品更加完整丰富	学会从游戏规则中提取关键信息，并运用这些信息来制定游戏策略
数字化学习与创新	能够使用数字化学习工具分享小组实验数据和发现的规律	利用图形化编程创作必胜程序，理清编程逻辑	思考生活中有必胜策略的游戏，建构必胜策略作品	设计作品中多类角色的模型，并对作品进行创新设计	将具象的比萨游戏抽象为无穷的数字游戏，通过算法实现编程
信息社会责任	学生能够在游戏博弈中意识到信息的价值，明白人工智能与人类生活的关系，合理利用人工智能并遵守公共规范和伦理道德	感受算法编程和人工智能算法带给社会生活的便捷，同时增强人工智能时代个人责任意识	体验团队合作的重要性，尊重自己和他人的作品，善于倾听，养成参与探究的兴趣，培养创造力	根据算法流程图和日常生活中双人博弈游戏，创意丰富编程角色和画面	根据必胜策略背后的数学规律，结合编程算法合理优化必胜程序脚本

三、作业重难点

（1）教学重点：学生能够运用计算思维解决游戏中的复杂问题，如在课程活动中了解"比萨游戏"背后相应的规则，根据游戏数据寻找数学规律，发现策略后可以用自然语言描述游戏规则，并将其转化为编程语言；

（2）教学难点：学生能够以游戏化的学习方式进行跨学科主题学习，利用数字化工具（如数据分析、图形化编程等）来提高游戏策略的制定和执行能力，使用图形化编程软件完成"比萨游戏"游戏程序，同时培养学生在数字化环境下的创新思维，体验与反思策略的有效性。

四、作业设计创新点

（1）通过引入"比萨游戏"，增强课堂教学的趣味性，调动了学生的学习积极性。学生能在游戏过程中发现游戏规则的关键信息，在游戏实验中分析数据寻找规律，并且总结出游戏策略，将自然语言转化为编程语言，用算法流程图梳理编程思路并完成编程任务。让用计算机可以处理的方式界定问题的前提，从具体到抽象，为接下来的学习奠定了良好的基础；

（2）由简入难，层层递进培养学生计算思维任务分解的意识和能力。学生小组合作进行"比萨游戏"实验，从简单游戏开始，逐步增加难度并且细致严谨记录游戏局面数据。让学生学习运用科学实验方法，完成简单实验、提出猜想，然后用复杂实验来验证猜想，最后将算法编程应用于实际的实验过程；

（3）当学生用自然语言描述游戏策略后，引导学生通过填写算法流程图，用直观图表帮助学生梳理必胜策略算法，增加学生对算法的理解，将游戏博弈转化为算法步骤；

（4）鼓励学生进行编程算法实现，为他们提供更多的思维空间和动手实践机会。学生设计完成"比萨游戏"的必胜游戏程序，并进行程序检验和代码优化，让学生经历从实际问题到程序实践的完整过程，获得运用学科知识解决身边实际问题的经历和体验。

五、作业内容

1.试一试：比萨游戏

游戏规则：有一个比萨分成若干块，两人轮流拿比萨，每人每次只能拿1块或2块，不准不拿，那么谁先拿到最后一块比萨谁就赢。

"游戏博弈算法的策略分析之谁是必胜客"作业设计

请在表2和表3中记录本组每轮"比萨游戏"拿取情况，用"A"代表先手拿的比萨块，"B"代表后手拿的比萨块，并填写双方最终游戏结果，寻找其中的输赢规律。

提出猜想：通过以上游戏，我们组发现_____获胜次数多，策略是_____。

2.找一找：获胜规律

验证猜想：经过以上实验，我们发现以下必胜策略：

如果_____，那么先手会有必胜策略，策略是_____；

如果_____，那么后手会有必胜策略，策略是_____。

表2 游戏记录表1

每局记录 \ 获胜目标数	第1块	第2块	第3块	第4块	第5块	第6块	第7块	第8块	获胜方（A/B）
抢1块游戏									
抢2块游戏									
抢3块游戏									
抢4块游戏									
抢5块游戏									
抢6块游戏									
抢7块游戏									
抢8块游戏									

表3 游戏记录表2

每局记录 \ 获胜目标数	第1块	第2块	第3块	第4块	第5块	第6块	第7块	第8块	第9块	第10块	第11块	第12块	获胜方（A/B）
抢9块游戏													
抢10块游戏													
抢11块游戏													
抢12块游戏													

3.填一填：算法流程图（见图1）

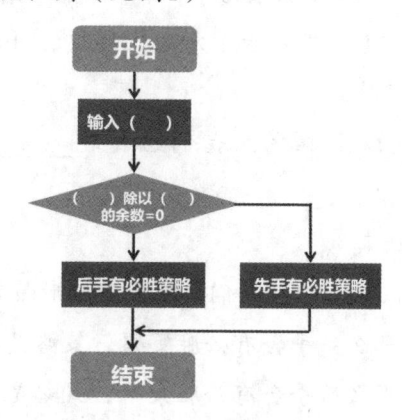

图1　算法流程图

4.编一编：必胜策略编程（见图2）

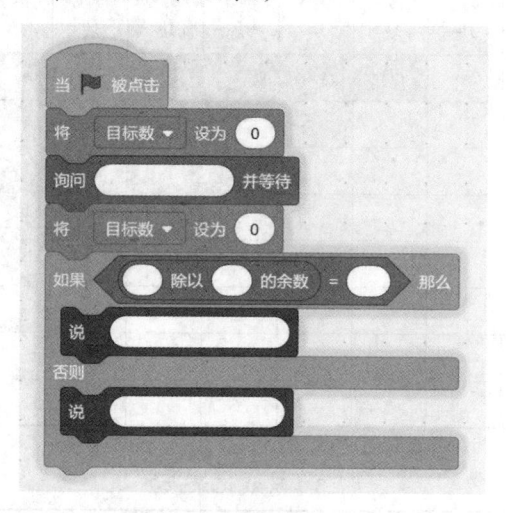

图2　编程图

六、作业设计思路

1.试一试：比萨游戏

让学生明白，为了揭示游戏获胜的规律，就必须进行严谨的科学实验，进行多轮游戏，并记录每一局的"比萨游戏"的游戏数据，从实验数

"游戏博弈算法的策略分析之谁是必胜客"作业设计

据中发现获胜规律，根据规律提出自己的获胜策略猜想，再进行更多实验验证自己的猜想，最后完善猜想确定必胜策略。

提出猜想：学生根据实验数据提出游戏策略猜想，观察获胜次数多的是先手还是后手。学生发现了先手获胜次数多。让他们仔细观察实验数据，找一找其中的数学规律？看一看先后手获胜的游戏策略是怎样的呢？学生总结游戏策略。鼓励学生能够利用游戏规则中的关键信息，构造每轮双方总数为3的规律。

2.找一找：获胜规律

比萨最多只有八块，但是数学世界的数字是无穷无尽的，鼓励学生化身数学家，继续探究抢9～12游戏，验证他们的猜想是否正确。完成导学案中的【找一找】，记录实验数据，完成试验后请大家用条件判断语句"如果……，那么……"描述自己的必胜策略。

验证猜想：学生合作进行实验，并用自然语言描述自己的必胜策略，总结必胜策略如下：首先判断目标数，用获胜目标数除以3，判断是否有余数；然后根据情况选择游戏策略，如果有余数，那么先取走余数；如果没有余数，则让对手先拿；确保每轮我们拿的总数都是3块。

3.填一填：算法流程图

学生用自然语言，使用条件判断语句描述出必胜策略，引导学生将自然语言转化为编程语言，编写一个必胜程序，能够帮助没有学过必胜策略的同学赢得游戏。为了梳理编程思路，首先需要完成算法流程图。

4.编一编：必胜策略程序

学生完成了填一填编程算法流程图后，使用图形化编程软件打开学习资源包中的程序，设计出必胜策略编程作品。编程任务完成后，检验程序是否真的掌握了必胜策略，若存在问题及时修改，鼓励学生深入探究，完善和优化代码。

"民间体育游戏"式体育家庭作业设计的探究

武汉市光谷第十一小学　刘婉秋

一、研究目的

体育家庭作业是学校体育教育的一个重要部分,本文试图将民间体育游戏与体育家庭作业相结合,以武汉市光谷第十一小学为个案进行研究,通过家、校、社一体化合作,探究"民间体育游戏"式家庭作业的设计和实施办法,使学生的体育家庭作业能有效切实地贯彻落实,对学生体育锻炼习惯的养成产生积极的作用。

二、研究方法

(一)文献资料法

根据论文研究的需要,通过查阅中国知网、华中师范大学图书馆等数据库,检索"家、校、社"一体化、体育家庭作业和民间体育游戏等相关文献资料,查阅相关书籍,并进行分类整理和归纳,为本研究奠定了扎实的理论基础。

（二）访谈法

通过对学校体育老师、班主任老师、家长、社区成员的访谈交流，分析、归纳学生完成体育家庭作业的情况和存在的问题，并收获了家、校、社的一些有价值的建议和想法。

（三）问卷调查法

根据研究内容设计了两份问卷调查表。

问卷1：学生调查表，主要调查学生对民间体育游戏的了解，参与民间体育游戏的感受，以及对民间体育游戏的看法等问题。

问卷2：家长调查表，主要调查家长对民间体育游戏的了解和看法，以及通过家长调查学生课后参与体育游戏的情况。

三、结果与分析

（一）民间体育游戏的价值

民间体育游戏是我国优秀的民族文化遗产，具有鲜明的民族传统体育特色，娱乐性强，简单易学，不受时间、空间、地点、器材、人数的限制，适合孩子们天生好动、善于模仿、喜欢结伴的身心特点。民间体育游戏内容丰富，规则灵活变通，寓游戏性、趣味性、教育性于一体，孩子们在玩耍中不仅能锻炼身心，培养日常生活中交往、竞争、合作、创新的能力，而且还具有健身、健心、健智的功能。

民间体育游戏在学校开展，符合素质教育对学校体育教学改革的要求，符合"以人为本"和"健康第一"的指导思想，涵养阳光健康、拼搏向上的校园体育文化，培养学生爱国主义、集体主义、社会主义精神，增强文化自信，促进学生知行合一、刚健有为、自强不息。因此，将民间体育游戏与家庭体育作业相结合，充分挖掘和拓展民间体育游戏，为促进孩子们的健康成长提供有力保障，有助于中华传统体育在校园、家庭和社会中绽放光彩。

（二）民间体育游戏与学校教学理念融合发展

光谷十一小的大课间体育活动根据本校的文化和办学思想，结合国家规定的课间操进行自主设计，具有学校特色，并且将本土的民间体育游戏融入大课间体育活动中。一方面提高了学生参与的积极性，让他们更好地参与到大课间体育活动中，强化了他们的体育锻炼意识，使他们的身体素质得到了提高；另一方面让学生在游戏活动中感受到本土文化的魅力，加深了对传统文化的认识与感悟，增强了民族认同感，同时贯彻了我校"有根的教育"理念。光谷十一小开展的传统民间体育游戏项目包括跳绳、踢毽子、跳房子、掷沙包、斗鸡、打弹珠、抽陀螺、踩高跷、滚铁环、武术、跳皮筋、舞龙、二人翻、抵牛等，丰富多样。每个班级都有自己的项目，一段时间后各班级互换游戏项目，学生能够有机会参与到不同的游戏中。实践表明，光谷十一小传统民间体育游戏广受学生欢迎，在增强学生身体素质的基础上，能有效调动学生参与体育活动的积极性和兴趣。

"双减"政策实施后，学生在一定程度上从繁重的课外辅导和家庭作业负担中解放出来，放学后、休息日和节假日中有了更多自由支配的时间。从理论上讲，上学日学生每天除去行程、用餐、洗漱和必要的作业时间外，至就寝前可自由支配的时间约为2~3小时，双休日和节假日的时间则会更多，这些时间中的一部分的确可用作体育活动。但问题是，学生能够参加什么样的体育活动呢？调查显示学生喜欢民间传统体育游戏，这也源于我校正在开展的"民间传统体育项目融入大课间体育活动"。在每天的大课间体育活动中，学生有机会体验和学习多种民间传统体育游戏，将民间体育游戏作为学生的家庭作业，校内和校外体育活动相结合，不仅给学生提供了在校外参加体育活动的多种选择，而且学生在家庭和社区学习的民间体育游戏也成为我校大课间活动的一种补充资源。

（三）学生和家长对民间体育游戏的看法

通过对学生和家长进行关于"民间体育游戏"的问卷调查，我们得出以下结论：对于学生而言，由于我校开展了将民间体育游戏融入大课间体育活动，学生对民间体育游戏有了一定的了解，并且每个学生至少会玩2~3项民间体育游戏，他们对民间体育游戏也充满了兴趣，希望能够在课堂上学习更多的民间体育游戏，并乐意在放学后和小伙伴们一起玩游戏；而对于拥有不同的成长经历的家长来说，他们对民间体育游戏有着同样的情怀，并且会不同的民间体育游戏，认为民间体育游戏对提高学生的运动兴趣和体质有帮助，大多数家长表示在时间允许的条件下乐意和孩子一起参与民间体育游戏的活动。

（四）"民间体育游戏"式家庭作业的设计

1.家、校、社一体化"民间体育游戏"式家庭作业形式

学校体育、家庭体育与社区体育关系密切，三者缺一不可。学校体育是主体，家庭体育是对学校体育的必要补充，而社区体育则是对学校体育的有效拓展。

博尔（Boal）的研究显示，当父母参与子女教育时能够产生积极的效果，包括学生的成绩、出勤率、健康和纪律等方面。然而，就家长而言，其体育素养参差不齐，传统的体育观根深蒂固，缺乏正确的认知和足够的技能，也未进行体育方面的专业指导和培训，在家庭体育中通常仅充当监督者的角色。民间体育游戏能给人带来极大的快乐，父母和祖辈们对民间体育游戏情有独钟，他们的童年回忆中最牵动心弦的就是与同伴们一起玩民间体育游戏的场景。对于孩子的"民间体育游戏"式家庭作业，家长可以成为开展民间体育游戏的老师和同伴，将自己童年时代玩过的民间体育游戏传授给孩子们并与他们一起游戏，这样不仅能让孩子们得到民间体育游戏的熏陶，而且大人们也能重温美好的童年回忆，摆脱平时工作和生活中的繁重压力，完全放松自己，与孩子们一起嬉戏，老少同乐，让整个家

庭得到更多的温馨和快乐。这样，家长从体育作业的监督者变为参与者，能较大程度上提高学校体育的整体成效。

社区是大家、家庭是小家，家庭体育和社区体育在相互渗透和配合下共同成长。"双减"政策的实施使得学生在一定程度上从繁重的课外辅导和家庭作业负担中解放出来，放学后、休息日和节假日中有了更多可自由支配的时间，那么学生在社区的活动也会随之增多。学校和社区的主要纽带是学生，校、社联合，一方面可以给孩子提供安全的运动场地，另一方面可以发动老一辈的居民作为"民间体育游戏家庭作业"的指导员，教孩子们玩他们小时候玩过的民间体育游戏，这不仅能让学生学会更多不同的民间体育游戏，还能增进社区的和谐氛围。

2."民间体育游戏"式家庭作业内容

（1）民间体育游戏的选择

民间体育项目众多，选取的项目必须适合不同年龄段学生的特点，能充分满足学生的爱好和兴趣（见图1）。一方面，要考虑其实用性、健康性和可操作性；另一方面，根据民间游戏的形式、内容和规则等，筛选、创编符合学生身心发展规律，同时具有教育意义的民间游戏。

"民间体育游戏"式体育家庭作业设计的探究

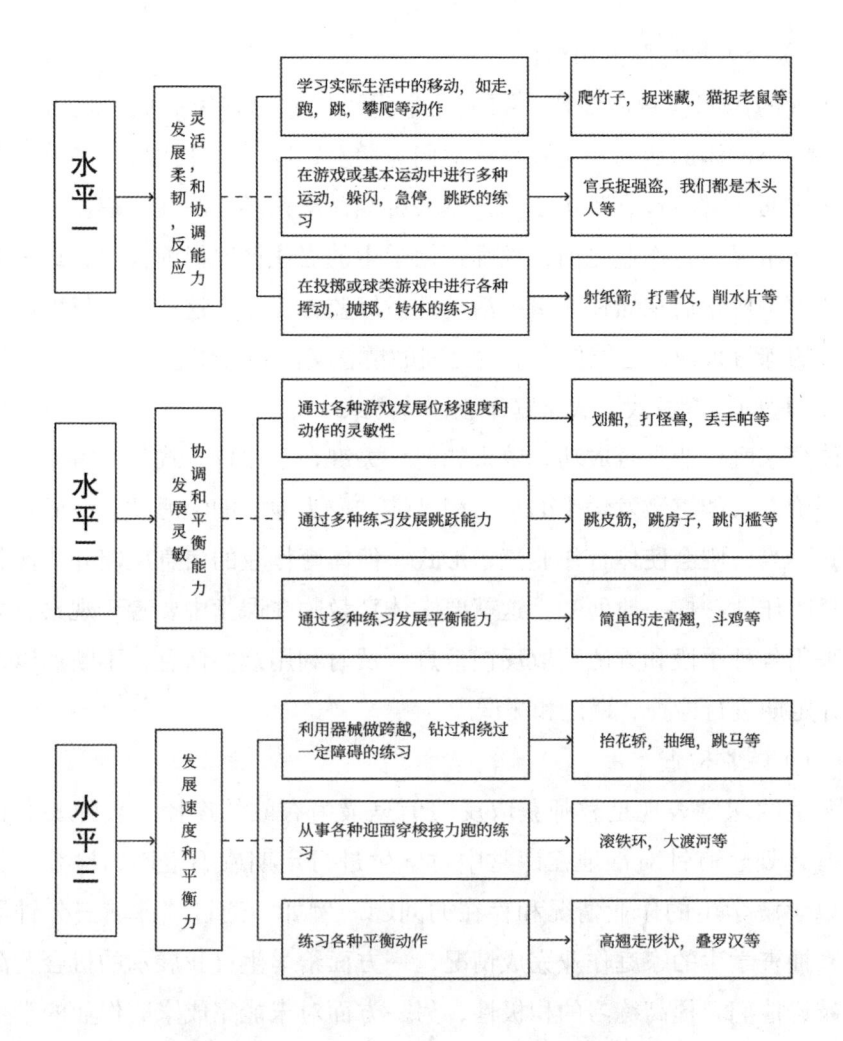

水平	能力	练习内容	游戏示例
水平一	发展柔韧、灵活和协调能力，反应	学习实际生活中的移动，如走、跑、跳、攀爬等动作	爬竹子，捉迷藏，猫捉老鼠等
		在游戏或基本运动中进行多种运动，躲闪，急停，跳跃的练习	官兵捉强盗，我们都是木头人等
		在投掷或球类游戏中进行各种挥掷，抛掷，转体的练习	射纸箭，打雪仗，削水片等
水平二	协调和平衡能力，发展灵敏	通过各种游戏发展位移速度和动作的灵敏性	划船，打怪兽，丢手帕等
		通过多种练习发展跳跃能力	跳皮筋，跳房子，跳门槛等
		通过多种练习发展平衡能力	简单的走高跷，斗鸡等
水平三	发展速度和平衡力	利用器械做跨越，钻过和绕过一定障碍的练习	抬花轿，抽绳，跳马等
		从事各种迎面穿梭接力跑的练习	滚铁环，大渡河等
		练习各种平衡动作	高跷走形状，叠罗汉等

图1 不平年龄段学生对于民间体育游戏的选择

（2）技能与理论知识相结合

体育教学除了让学生学习技能和增强体质外，还要丰富学生的体育文化知识。因此，适当布置观看视频、查阅体育资料等作业。比如，听长辈讲某民间体育游戏的起源和发展，了解游戏的规则。日积月累，学生在身体素质得到提高的同时，也丰富了体育文化知识，陶冶了情操，为更好地参与体育锻炼奠定了理论基础。

（3）个人与小群体相结合

布置的民间体育游戏作业要能让学生可以独自在家完成，也可适当布置一些小群体的活动和比赛，让他们与朋友、同学合作完成，如群体游戏：跳皮筋、掷沙包、跳房子等；单人游戏：滚铁环、跳绳、踢毽子等。还可以在布置体育作业之前，教师根据学生的居住情况提前分组，选出组长，让学生放学后在居住区组织活动并做好监督工作。这样，不仅可以激发学生的练习兴趣，还能促进学生之间的情感交流和合作意识的培养。

3."民间体育游戏"式家庭作业评价方式

体育家庭作业是否成功，效果如何，关键在于评价方式是否得当。适宜的评价方式能够激发学生的学习积极性，成为他们的学习动力；而若评价方式不当，则会使体育作业流于形式。但体育作业的信息反馈并非像其他学科改作业一样一改便知，这就要求体育教师在课堂中要善于观察、分析，采用各种手段和方法获取反馈信息，及时利用这些信息，不断加以改进，并定期进行检查、评比和测试。

（1）课堂检查

学生的课堂表现是教师获取反馈信息最为有效的途径。教师要有目的、有计划、有针对性地在课堂中对学生进行定期或不定期的检查和交流，以了解学生的作业情况和存在的问题。例如，通过"课前三分钟展示"来抽查学生的家庭作业完成情况，一方面给学生自我展示的机会，激励并鼓舞他们，提高练习的积极性，另一方面对未能完成家庭作业的学生起到督促作用。

（2）家庭评价

家长与学生之间进行阶段性双向评价，评价方式应多元化。家长可以从学生的积极性、练习时间、完成率、有效率等方面对学生的体育家庭作业进行评价，而学生则可以对家长的参与度、练习时间等进行评价。有计划、有评价、有监督、有激励是开展家庭全员参与体育锻炼的有效手段。

（3）竞赛评价

竞赛是促进课外家庭作业完成的良好形式，同时也是展示家庭体育锻炼成果的平台，要巧妙地运用竞赛来检测课外家庭作业效果，提高学生的体育技能水平。首先，竞赛活动要全员化、激励化。在组织竞赛时，应尽可能让每位学生都能参与其中，让他们都有展示自我的机会，享受作业竞赛带来的乐趣。其次，有计划、有目的地安排每个月的竞赛游戏项目。最后，在课内进行作业竞赛评价，通过竞赛结果、作业完成量化分数，以及每周的综合评价等方式来量化学生的家庭作业成效。

（4）与学校活动整体关联

将体育家庭作业与体育大课间、校园体育吉尼斯、体育节、运动会、家校开放、社团课、社区体育俱乐部，甚至学生综合活动等紧密关联。大课间、体育活动为学生提供自主选择练习的时间，练习并展示体育家庭作业的成果；在校园体育吉尼斯、体育节中，让学生参与项目的设计与组织，引入自主探究类家庭作业的学习成果作为项目进行比赛；劳动节、中秋节等假期作业菜单也将学生体育家庭作业渗透其中。活动的关联设计首先要做到长远规划，将民间体育游戏融入每日的大课间中，社团课中加入学生兴趣度较高的民间体育游戏课程，表演类的民间体育游戏可作为运动会开幕式的表演项目，竞技类民间体育游戏可作为每月校园体育吉尼斯的挑战项目。其次，要实现多种形式的创新，与体育家庭作业相关联，创新开展"亲子运动会"活动，民间体育游戏亲子运动会可由低年级的学生和家长参与其中作为运动会的主力，部分高年级的学生和老师作为裁判。比赛项目分学生项目和亲子项目两类，以亲子项目为主；创新开展社区民间体育项目联赛，让学生以社区为单位组队参加。

四、结论与建议

（一）结论

民间体育游戏具有鲜明的民族传统体育特色，内容丰富，规则灵活变通，寓游戏性、趣味性、教育性于一体，学生和家长对民间体育游戏的兴趣度高，持积极的态度。本文根据学生学情、学校情况、家庭和社区的反馈对"民间体育游戏"式家庭作业进行设计,家、校、社一体化共同督促,有具体内容、有开展形式、有反馈的"民间体育游戏"式家庭体育作业,将体育家庭作业贯彻落实。

(二)建议

结合学校的实际情况,建立完善的"民间体育游戏"式家庭体育作业体系;学校应做好体育家庭作业与学校体育课程和其他活动相融合的工作,多方面助力体育家庭作业的落实;加强体育家庭作业与家庭体育、社区资源的有机结合,形成教育的合力。

参考文献

[1] 李海燕,何心,王丹丹,等. 落实家校联合 推进体育家庭作业 [J]. 中国学校体育,2021,40(1):46–47.

[2] 汤懿. 小学体育与健康家庭作业创新设计与实践 [J]. 拳击与格斗,2022(2):73–75.

[3] 秦雪梅. 新课程背景下小学体育家庭作业的评价探索 [J]. 当代体育科技,2019,9(5):175–176.

[4] 梁亚宁. 北京市小学生家庭体育作业实施现状调查与对策研究 [D]. 首都体育学院,2018.

[5] 张勇卫. 指向学科核心素养的小学体育家庭作业校本化架构与实践 [J]. 中国学校体育,2018(10):23–24.

[6] 刘润环. 浅议民间体育游戏在小学体育教学中的融合 [J]. 新课程,2022(17):176–177.

[7] 刘飞,张秋娥. 浅谈民间体育游戏的教育价值和实施 [C] //2017年课堂教学改革专题研讨会论文集,2017:861–862.

[8] 甘锦豪. 少儿民间体育游戏衰落的原因探析 [D]. 广西师范大学,2008.

[9] 常婷. 民间游戏的传承与发展 [D]. 首都体育学院,2011.

附件：

民间体育游戏调查问卷（学生）

亲爱的同学，你好！

这是一份关于民间体育游戏的调查问卷，请根据你的实际认知和感受进行填写，如有任何疑问，请向你的老师或父母寻求帮助，谢谢你的回答！

1.你知道什么是民间体育游戏吗？（　）

A.知道　　B.不知道　　C.听说过一点

2.写出三种以上你知道的民间体育游戏？

_____

3.你对下面哪个民间体育游戏感兴趣？（　）可多选

A.滚铁环　B.跳绳　C.踩高跷　D.竹竿舞　E.跳皮筋　F.踢毽子　G.打片片　H.抖空竹　I.打弹珠　J.丢沙包

4.你会玩几种民间体育游戏？（　）

A.2种以下　B.2-5种　C.5种以上

5.你一般与谁玩民间体育游戏？（　）

A.独自　　B.同学、朋友　　C.父母　　D.其他

6.你希望学校什么时候让大家玩民间体育游戏？（　）

A.大课间　B.体育课上　C.下午放学后

7.放学后你会和朋友、同学一起玩体育游戏吗

A.会　　B.不会

民间体育游戏调查问卷（家长）

尊敬的家长您好！

抖空竹、滚铁环、踩高跷、跳绳、跳皮筋、踢毽子……这些儿时游戏您还记得吗？这些曾给您带来欢乐的民间体育游戏正在渐渐远离现在的孩

子们。现针对民间体育游戏，征求您的看法，请您告诉我们您的意见，谢谢您的回答！

（1）您赞同学校让孩子玩民间体育游戏吗？（　）

A.赞同　　B.不赞同　　C.时代变化了，民间体育游戏需要革新

（2）您认为民间体育游戏对提高孩子的运动兴趣和体质有帮助吗？（　）

A.有　　B.没有　　C.难说，主要看孩子

（3）您的孩子与您或同伴一起玩过民间体育游戏吗？（　）

A.玩过　　B.没有

（4）如果您的孩子玩过，他一周一般会花多少时间玩民间体育游戏？（　）

A.少于3.5小时　B.少于7小时　C.多于7小时　D.没计算过

（5）您小时候玩过哪些游戏？（　）多选

A.滚铁环　　B.跳绳　　C.踩高跷　　D.竹竿舞　　E.跳皮筋　　F.踢毽子　G.打片片　　H.抖空竹　　I.打弹珠　　J.丢沙包　　K.其他

（6）现在，您的孩子一般玩哪些游戏？（　）多选

A.看漫画　　B.网络游戏　　C.游戏机　　D.体育游戏　　E.和孩子去亲子乐园玩　　F.玩拼图　　G.没有固定形式

（7）您下班后是否乐意陪孩子一起玩民间体育游戏?

A.愿意，有时间　B.愿意，但没有时间　C.不愿意

（8）除前面提到的民间体育游戏外，请写出您了解的其他民间体育游戏名称？（　）

_____

"四有"课堂背景下小学数学中段复习课教学模式研究

——以三年级上学期第六单元《整理与复习》为例

武汉市光谷第十一小学　熊飞

数学复习课不同于新授课，也不同于普通的练习课。教师的职责在于帮助学生梳理知识、查缺补漏、总结学习数学的方法，这样才能有效提高学生的数学复习课效率。

现阶段在教学过程中，不难发现小学数学复习课存在诸多问题，主要包括以下几个方面：

1.教师单纯地帮助学生梳理知识点，忽视方法的掌握

小学数学复习课往往将重点放在知识点的梳理上，极大程度忽略了方法的掌握和学生能力的提高。因此，教师需要帮助学生在深层次上理解知识之间的内在联系，从而形成完整的知识系统。但有些教师在教学过程中，只重视知识点的梳理，强调知识记忆的重要性，认为学生只需记住知识点即可掌握知识，而忽视了发散思维的培养。

2.教师只关注题海战术，机械训练，降低了学生的数学学习兴趣

在小学数学复习课中，很多情况下变成了学生的练习课，一些教师只注重机械重复训练，不断地给学生加量、加难。在这种情况下，辛苦的不仅仅是教师，学生也会因为诸多的练习，枯燥的机械训练而疲惫不堪。这样做只会导致事倍功半的效果，最终学生会逐渐失去对数学的学习兴趣。

3.教师未给予学生"时空",不能很好地发挥学生主动性

教师主要以讲解、灌输的形式进行数学课程的复习,学生自主学习时间不足。学生很少有时间进行自主学习,也就是说教师在很大程度上忽视了学生的主体地位。这样被动灌输的方式很难调动学生的积极性和学习兴趣,同时也导致教师与学生之间缺乏应有的交流,很难发挥学生的主观能动性,进而降低了学生学习的积极性。

4.教师忽视了情感、态度、价值观的培养,忽视了学生的能力与品质的提高

古语云:"师者,所以传道授业解惑也。"但在当今时代,教师不能仅仅进行知识的传授和疑惑的解答,还应注重学生的情感价值观的构建。然而,在目前小学数学复习课上,教师只注重题型的训练和学生记忆的加强,却忽视了非智力因素对学生的影响。这种做法忽视了学生的能力与品质的提高。

5.教师忽视学生个体差异,没有很好地让不同层次的学生有个性化的发展

"世上没有两片完全一样的叶子。"不同学生的学习能力和先天素质都存在一定的差异。在数学新课标的引领下,教师应使不同的学生得到不同程度的发展,但是目前的小学数学复习课程,并没有针对不同学生进行区分,学生往往经历着相同的学习经历和习题训练,教师很少关注个体差异,无法进行有层次、有针对性的复习。

基于这些问题,我校在小学数学复习课中结合现阶段较为时尚的"问导式课堂"高效课堂模式进行了相关探索和研究,期望能够取得新的发现和收获。

现以三年级上学期第六单元:整理与复习为例进行如下教学模式分析与设计。

"四有"课堂背景下小学数学中段复习课教学模式研究
——以三年级上学期第六单元《整理与复习》为例

一、教材分析

本单元的笔算乘法分两个层次编排：①通过两位数乘一位数（不进位），引出笔算竖式，帮助学生理解笔算的算理。②突破笔算乘法的难点。主要解决两个问题：一是进位问题，二是因数的中间或末尾有0的问题。在进位中，先讲不连续进位的，再讲连续进位的，两种情况都以两位数乘一位数为主。这样编排重点突出，分散了难点，便于学生在已学知识的基础上，用类推的方法掌握新知识，既节省了教学时间，又培养了学生的学习能力。

本单元加强了"解决问题"的教学，主要体现在两个方面：一是创设了一些问题情境，让学生提出乘法计算问题，使他们意识到乘法计算并非孤立存在，而是蕴含在许多现实情境中的一个问题；二是将乘法计算置于现实情境中，增添练习趣味，同时让学生感受数学知识与现实生活的紧密联系。

二、学生分析

本单元是在学生已经熟练掌握了表内乘法、能够正确口算100以内加减法的基础上进行教学的，主要内容包括口算乘法和笔算乘法两部分。

三、设计思路

（一）回忆复习，整理知识

此部分设计主要是给予学生"时空"，将复习前置：在教师未整理之前，自行尝试完成小报或思维导图的制作，独立尝试，如此一来，相信每位同学后续都会有所收获，人人学到"数学"。

1.初步回顾

课堂上给予学生一定的时间，让他们先独立翻阅和回顾已学过的知识，在脑中构建自己的整理思路。

2.自主构建，厘清脉络

教师可通过课件展示3个问题：①说一说，你是如何整理知识点的？你整理的内容都包括哪些？②你认为哪些内容特别重要，哪些内容特别容易出错？③你还有什么疑问吗？在整理的过程中，教师在一旁以"似有非有"的方式提醒和引导，更多的是帮助学生"自主梳理"。

（二）复习重难点，巩固提升

1.复习多位数乘一位数的口算

课件中呈现的8道算式均为教材P76第一题，笔者并没有四处找题，而是充分利用教材资源，严密贴合课本内容，利用分类的思想帮助学生分类梳理，扎实掌握所学知识。

2.复习多位数乘一位数的笔算

本环节延续前一个环节，笔者依旧以课本给予的练习为主，紧密结合课本内容，合理运用教材，利用分类思维帮助学生分类梳理，并请学生陈述多位数乘一位数应该注意什么？①相同的数位要对齐；②从个位算起；③哪一位满几十就向前一位进几。

3.以题为例，整理方法

本环节，笔者主要想引导学生运用已学知识解决简单问题，在解决问题的同时，用分类的思维让学生寻求解决问题的方法和模式，切实可行地帮学生巩固和掌握所学知识。

（三）回顾与反思

首尾呼应，自我反思，从课前未指导的"独立思考"到本节课结束后教师的指导示范作用，相信学生们能够从中学到复习整理的方法，巩固所学知识，使得本节整理复习课的目的得以实现。

四、实施过程

（一）学习目标

（1）经历整理和复习的过程，厘清知识脉络，进行分类和归纳，学会有序整理的学习方法，形成清晰、完整的知识结构。

（2）进一步巩固多位数乘一位数的口算、笔算和估算方法，能熟练、准确地进行计算。

（3）进一步体验"归一"和"归总"问题的数量关系，提升解决此类问题的能力。

学习重点：

进一步巩固本单元所学知识，对本单元的知识进行全面系统的复习。

学习难点：

在解决实际问题时，能够选择正确合适的解题策略。

（二）学习过程

1.回忆复习，整理知识

（1）初步回顾

师：同学们，近期我们学习了第六单元《多位数乘一位数的乘法》，请同学们打开课本第56到74面，回顾一下，我们都学习了哪些内容呢？

生：自由回答。

师：其实我们学到的远远不止这些，看（出示ppt），这些都是我们学过的内容，看完之后你有什么感想？

看来，我们需要对这一单元的内容进行整理和复习，看到这个课题，你想了解什么？

预设：如何进行整理呢？需要复习哪些内容呢？（板书：整理和复习的内容和方法）

带着这些问题，我们开始今天的学习。

（2）自主构建，厘清脉络

师：请同学们拿出你们的课前学习小报，在小组内分享一下你在整理本单元知识时的方法？你们整理了哪些内容？计时两分钟。

课件出示：

①说一说，你是如何整理知识点的？你整理的内容都包括哪些？

②你认为哪些内容特别重要，哪些内容特别容易出错？

②你还有什么疑问吗？

学生汇报：

教师根据学生的汇报，整合归纳板书。

设计意图：引导学生分享学习收获，让学生学会整理所学知识，加深对知识的理解，构建完整的知识体系。

2.复习重难点，巩固提升

接下来，老师想要考考你们的计算能力了。

出示以下题目

①$60×5$　②$79×4$　③$426×7$　④$24×2$

⑤$13×3$　⑥$205×8$　⑦$300×3$　⑧$280×3$

（1）复习多位数乘一位数的口算

①说一说，哪些算式是你一下子就可以计算出来的？

生汇报完毕之后，以小组为单位开小火车进行口算类题目的解答，并适时追问口算的方法。

师：24乘2你是如何计算的？60乘5你又是如何计算的？

设计意图：明确算理，复习算法。

②口算大比拼

小组之间进行口算接力比赛，全班同学判断对错。完成时间最短的小组获胜。

设计意图：根据比赛，增加口算的趣味性，调动全班同学参与到计算中来。

（2）复习多位数乘一位数的笔算

①探究笔算类题目

以426×7为例，你能说一说乘积中的每一位数是如何得出的吗？（看来这是一道连续进位的笔算乘法，我们把它归类。）

观察205×8，计算这个乘法算式时，你有什么需要特别提醒大家的吗？

关于280×3的书写形式，你有什么想告诉大家的？

师：谁来说一说多位数乘一位数应该注意什么？

总结：a.相同的数位要对齐；b.从个位算起；c.哪一位满几十就向前一位进几。

②笔算大比拼

将全班同学分为男生和女生两组，每组出四道笔算题目，选人汇报。代表者全对的组获胜。

3.以题为例，整理方法

（1）选择合适的方法解决下面的问题。

①每套课桌椅坐2位学生，学校新买来200套课桌椅，一共可以坐多少位学生？

②阳光小学每个年级都有136名学生，全校6个年级一共有多少名学生？

③小军家距学校有400米，他每分钟走65米。从家到学校7分钟能走到吗？

师：请同学们读题之后，分析问题，想一想，这三道题目应该选择怎样的算法来解决呢？为什么？说出你的理由。

预设：

生①：第1小题求一共可以坐多少位学生，就是200个2相乘，用乘法计算。这是整百数乘一位数，我们可以直接选择用口算的方法。

生②：第2小题求6个年级一共多少名学生？数量关系是6个136，用乘法计算。这是多位数乘一位数，我们可以用笔算的方法避免出错。

生③：第3小题问题是从家到学校7分钟能走到吗？不需要精确计算出结果，估算一下就够了。可以把65米估成60米，60×7=420米，420＞400，所以从家走到学校7分钟够了。

师：通过刚刚的讨论，我们知道在生活中，只需要知道大概结果时可以选择估算；能够口算的题目则用口算的方法，如果数目太大，又需要知道准确结果时就用笔算的方法。

看来我们在解决问题时，应该根据问题需要，灵活选择合适的解题方法。

五、回顾与反思

（1）同学们，我们这节课梳理了整个单元有关计算的知识点，非常全面。请你再回顾一下自己的数学小报，有哪些内容和老师的是一样的？有哪些知识点是你遗漏了的？如果再让你做一次小报，你会增添哪些内容？

（2）回顾一下，我们是用什么方法来整理和复习的？（分类和归纳）

（3）这一单元我们还有哪些部分的知识没有整理？（解决问题）这一部分的知识我们留着下节课继续梳理吧！

六、效果分析

在武汉市东湖高新区2019年"高效课堂"主题年活动中，光谷第十一小学（武昌实验寄宿小学光谷分校）探索如何改进课堂教学模式，使之能更好地服务师生，不再是教师单纯灌输式地教，而是要转变我们的思路，努力让学生开心地学、快乐地学、有效果地学。兴趣的启蒙只是初级阶段，我们还想尝试在兴趣学习的基础上，思考如何激发学生的创造力、思维和创新意识，促进自主学习。因此，我校在"高效课堂""自主课堂""问导式课堂"的大背景下，也提出了"四有课堂"，即：

（1）有学生学习：数学课的前置学习，并非给学生增压，而是有计划、有目的地帮助学生在学习相关内容时积累有效经验，探索与发现；

（2）有教师指导：根据学生初探的"失败"，及时反思，养成反思的习惯，通过教师的专业指导，顺势点拨与传授，一点即通，画龙点睛，助力学生突破难点；

（3）有学科味道：在教育教学中，依据不同课型、不同内容，渗透数学思想方法，传承了解数学文化，激发学生求知欲和创造性；

（4）有合作文化：通过独立思考、合作交流、反思呈疑等方式，彰显课堂中学生自主学习、独立学习的过程。

总体说来，小学数学尝试运用这样的模式，极大地改善了原来教学中"填鸭式""灌输式"的教学方式，更好地帮助教师和学生进步与成长。让学生站在课堂的正中央，让学生主动参与学习，活跃起来。

小学语文单元整组作业设计
——统编教材语文三年级下册第二单元

武汉市光谷第十一小学　邵以临

一、教材内容

统编教材语文三年级下册第二单元。

二、单元主题

（一）人文主题

本单元以"寓言故事"为主题组元，是继三年级上册"童话世界"单元之后，第二次以文体组元，编排了4则寓言故事：《守株待兔》《陶罐和铁罐》《鹿角和鹿腿》《池子与河流》。4则寓言故事涵盖古今中外，有中国古代寓言、当代寓言，也有伊索寓言和克雷洛夫寓言；文体不仅有故事，还有诗歌。这些丰富多样的学习素材，为学生认识、了解寓言故事打开了一扇窗。

（二）语文要素

"读寓言故事，明白其中的道理"是本单元要侧重落实的语文要素，在学习各篇课文时应该格外注意。首先，要深入理解课文讲述的故事，真正领悟故事的内涵,并且注意利用课后习题和导读提示。"把图画的内容写清楚"是本单元另一个要落实的语文要素。首先要引导学生仔细观察图画,理解图中所传达的信息:说出有哪些人?他们在干什么?他们的动作和语言是怎样的?然后将观察到的、思考到的内容清晰地表达出来。

三、单元作业目标与设计意图

(一)单元作业目标

根据单元学习目标,制定如下单元作业目标。

(1)识记单元重点生字,能正确、流利且富有感情地朗读课文。

(2)能抓住重点词句、联系上下文、联系生活实际等方法,理解课文内容和故事寓意。

(3)从课文中各角色入手,通过语言、动作、神态描写,领会作者描写人物的表达手法并进行积累。

(4)在合作探究中巩固阅读寓言故事的基本方法,实现课文阅读的学法迁移。

(5)在拓展阅读中积累与单元主题相关的写作素材。

(6)通过丰富的活动激发学生对阅读寓言故事的浓厚兴趣。

(二)设计意图

本着"育人为本"的作业设计原则,紧紧围绕单元作业目标,在充分考虑学生个体差异的情况下,设置基础巩固性作业、运用发展性作业及拓展实践性作业。根据学生的个体差异,提供"必做+选做"的方式,让学生自主选择作业内容。具体设计意图如下。

1.遵循新课程标准

强调语文教学应用应从学生的兴趣、生活经验和认知水平出发,倡导体验、实践、合作与交流的学习方式。从作业目标的理解、初步体验,到初步应用，再到巩固运用，最后综合运用，形成能力。从简单到复杂，从单一目标到综合目标，从基础到提高，循序渐进。

2.坚持"双减"政策

作业设计与实施必须坚持"双减"政策提质增效和目标导向，努力做到在题目的"数量"上做减法，在"质量"上做加法，在"加加减减"中实现教育本真的回归，站稳学生的成长立场。作业是为了帮助学生巩固和内化所学内容，使之快速转化为学生的学科能力。

3.关注学生的"差异"性

学生是独立的个体，存在差异。为了使不同层次、不同水平的学生都体会到作业成功的乐趣，要注意设计丰富的作业类型，给学生一个选择的范围，让学生根据个人情况有选择地去完成作业，提升学习的自主性，减轻他们的压力，让他们能更轻松地完成作业，并达到预期目标。

4.实施多元评价方式

坚持学生自评、互评和教师评价相结合。讲评可以将学生讲评和教师讲评结合起来，与教师讲评相比，学生的思维相通，学生间的语言交流能让有些同学马上豁然开朗，且学生讲评可以使他们在讲评中相互启发，共同提高。对于书面表达作业讲评，可采用教师评价与学生评价相结合，教师可以先让学生以小组形式进行互评，然后再从中选出典型习作进行点评。通过小组内互评可以增加学生彼此学习的机会，有利于学生取长补短，培养他们的自主学习能力。引导学生成为评价主体，帮助他们提高对作业价值的理解，确立自己的学业目标，转变作业态度，由被动的"要我做"到主动的"我要做"。

四、单元作业内容

（一）单元名称：第二单元；课时名称：《守株待兔》第一课时

1.兴趣导向类·课前必做（5分钟）

（1）看图猜成语

_____ _____ _____ _____

（2）这些成语你都猜对了吗？拿出字典查一查，说说它们背后的寓言故事。

设计意图：从学生语文生活实际出发，创设丰富多样的学习情境，以色彩鲜艳、内容易懂的图片作为教学素材，激发学生的好奇心、想象力和求知欲，引导学生注重知识积累，勤于思考，乐于实践，勇于探索，培养良好的学习习惯。

2.关键提升类·课中选做（10分钟）

（1）听老师读一读，注意听不认识的字并划分断句：

守株待兔

宋人/有耕者。田中/有株。兔走/触株，折颈/而死。因/释其耒/而守株，冀/复得兔。兔/不可复得，而身为/宋国/笑。

注释
① 本文选自《韩非子·五蠹》。
② [株] 树桩。
③ [走] 跑。
④ [因] 于是。
⑤ [释] 放下。
⑥ [耒] 古代用来耕田的一种农具。
⑦ [冀] 希望。

（2）朗读这则寓言，注意读准字音和节奏。

（3）自己借助注释，说一说每句的意思。

（4）两人合作，读一句，翻译一句，再把故事大意整体上说一遍。

设计意图：在听读和朗读中，鼓励学生用普通话正确、流利、有节奏地朗读课文。学生能借助注释，理解词句的意思。在合作学习中，能初步掌握文章的主要内容，领会文中所表达的思想主题。

3.核心巩固类·课后选做（8分钟）

（1）看拼音，写词语。

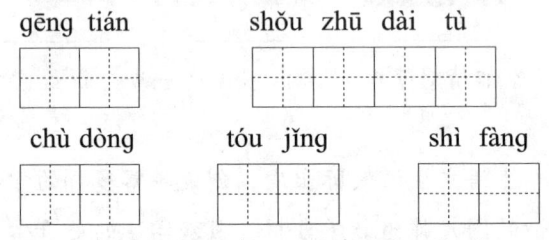

gēng tián　　　　shǒu zhū dài tù

chù dòng　　tóu jǐng　　shì fàng

（2）判断，正确的打"√"，错误的打"×"。

①"兔走触株"中的"走"和"走路"中的"走"是一个意思。（　）

耒是古代的一种农具。（　）

②"冀复得兔"的意思：希望能再得到兔子。（　）

（3）选择。

①下列句子节奏划分正确的一项是（　）。

A.因\释\其耒而\守株　B.因释\其耒而守\株　C.因\释其耒\而守株

②和"冀"读音相同的字是（　）。

A.翼　　　　　　　B.计　　　　　　　C.北

③"考（　）、样（　）、解（　）"，括号中应该填入的字分别是（　）。

A.释 试 式　　　　B.试 式 释　　　　C.式 释 试

④"因释其耒而守株"中，"因"的意思是（　）。

A.因为　　　　　　B.原因　　　　　　C.于是

设计意图：借助田字格规范学生的书写，帮助学生养成良好的书写习惯。设置判断和选择题，综合考查学生对课时重点字词的理解情况，为下一课时理解课文寓意奠定知识基础。

4.评价设计

完成情况	自评	学生互评	教师评价
1.我能认真、顺利地完成此次作业。完成时长：_____	☆☆☆	☆☆☆	☆☆☆
2.我能用普通话正确、流利、有节奏地朗读课文	☆☆☆☆	☆☆☆☆	☆☆☆☆
3.我能理解课文大意，识记课时重点字词词义	☆☆☆☆☆	☆☆☆☆☆	☆☆☆☆☆

（二）单元名称：第二单元；课时名称：《守株待兔》第二课时

1.阅读探究类·课中选做（10分钟）

（1）朗读第一句话思考：课文的主人公是哪国人？他是做什么的？

（2）种田人怎么会白捡一只兔子呢？朗读第二、三句话，讨论出原因。

田中有株。兔走触株，折颈而死。
兔跑得快 → [跑撞] → [脖子折了]

（3）你觉得这是一只怎样的兔子？

_____

（4）一只兔子撞到树上，这事儿是不是天天有呢？种田人对这件事是怎么想、怎么做的？读一读第四句话，并写出此时种田人的想法。

（5）宋人"身为宋国笑"，大家会笑他：_____
农夫为何会被宋国人笑话呢？请读一读最后一句话并找出答案。

（6）读完了整篇课文，这个故事告诉我们（　）的道理。

A.只要心中有希望，就会有奇迹发生

B.只有把握住机会的人才会取得成功

C.不能把偶然发生的事当作经常发生的事，更不能有不劳而获的想法

设计意图：针对课文中难以理解的重点问题，引导学生展开想象之翼，通过联系上下文、联想与想象，共同探寻问题的答案。学生能结合注释、插图和想象理解寓言内容，在找寻答案的过程中领会故事人物的个性特征，并通过选择的方式辨析出寓言中所蕴含的道理。

2.综合运用类·课后选做（8分钟）

（1）用原文说一说事情的起因、经过和结果。

起因：_____　　经过：_____

结果：_____

（2）从《守株待兔》中，你学会了哪些阅读文言文的方法？运用图1中提示的这些方法，结合二年级下册课文来理解《拔苗助长》的内容和寓意。

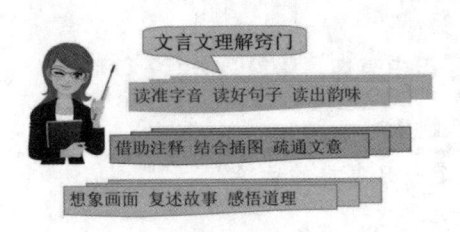

图1　文言文理解窍门

设计意图：引导学生结合叙事三要素来分析课文的内容结构，进一步理解作者的叙事顺序。同时，联系二年级下册已学过的课文，使学生在迁移阅读中灵活运用文言文阅读方法。

3.评价设计

完成情况	自评	学生互评	教师评价
1.我能认真、顺利地完成此次作业。完成时长：_____	☆☆☆	☆☆☆	☆☆☆
2.我能用普通话正确、流利、有感情地朗读课文	☆☆☆	☆☆☆	☆☆☆
3.我能结合注释、插图，联系上下文、联想与想象的方式理解故事内容	☆☆☆☆☆	☆☆☆☆☆	☆☆☆☆☆
4.我能体会到故事人物的个性特点，理解寓言中蕴含的道理	☆☆☆	☆☆☆	☆☆☆

（三）单元名称：第二单元；课时名称：《陶罐和铁罐》第一课时

1.兴趣导向类·课前必做（8分钟）

（1）用自己喜欢的方式读课文，注意读准字音、读通句子。

（2）在读课文时，有哪些生字词的读音是你认为较难掌握的？动动你的巧手，仿照图2示例，把它们制作成卡片吧！

chú guì	ào	ào	xī	qiān xū	nuò ruò
橱柜	骄傲	傲慢	奚落	谦虚	懦弱

miè	biàn	suì	xiū chǐ	shì	cháo
轻蔑	争辩	碎片	羞耻	流逝	王朝

fù	gōng diàn	yí	fèi xū	jué	jià
覆灭	宫殿	遗落	废墟	掘开	价值

jí	mù	xiāng tí
立即	和睦相处	相提并论

图2 生字卡片

设计意图：通过制作字词卡片的活动，引导学生感受汉字的书写特点和形体美，使他们能够感知常用汉字形、音、义之间的联系，激发他们对汉字学习的浓厚兴趣。同时，培养学生养成主动识字的习惯，提高他们独立识字的能力，并以高效的方式识记本课的重点生字词。

2.关键提升类·课中选做（10分钟）

（1）认真观察词语，分出哪些与陶罐有关，哪些与铁罐有关。

骄傲　奚落　傲慢　谦虚　轻蔑

（2）默读课文，结合课文的两幅插图归纳出陶罐和铁罐之间的故事。

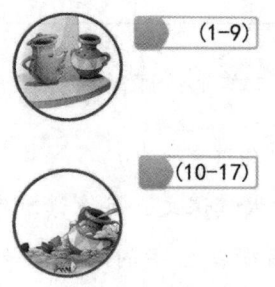

(1-9)

(10-17)

（3）为什么许多年以后，陶罐依旧精美，而铁罐却消失得无影无踪了？结合下面的材料，找找原因。

补充资料：

陶罐：由陶土制成，不易受外界温度、湿度影响，因而陶罐长时间埋在土里仍可保持原样。

铁罐：由铁制成。铁在潮湿的泥土中很容易生锈，变得锈迹斑斑，时间长了甚至会变成粉末。铁罐就是因为长期埋在土里而变成了粉末，和泥土混在了一起，因而消失得无影无踪了。

设计意图：通过展示生动形象的插图，激发学生的阅读兴趣。提供相关的阅读材料，帮助学生初步把握文章的主要内容，使他们能针对课文中不理解的部分提出疑问。

3.核心巩固类·课后选做（8分钟）

（1）下列句子中加点字的读音 不正确的一项是（　　）

A.妈妈经常在淘宝网上购买价（jià）格比较便宜的生活用品。

B.奶奶从糖罐（guān）里拿出美味的糖果，奖励给谦（qiān）虚的孙子。

C.很久很久以前，懦（nuò）弱的老鼠们因经常受到猫的侵袭，感到十分苦恼（nǎo）。

（2）写出下列句子中画线词语的反义词

①谦虚使人进步，_____使人落后。

②终于，我战胜了懦弱，_____地走上了赛场。

③得知此事后，小伙伴并没有奚落他，反而真诚地_____他。

④经过一番打磨，_____的陶罐变得非常光洁。

（3）根据意思写出相应的词语。

①轻视，不放在眼里。_____

②彼此和好地相处。_____

③把不同的或相差悬殊的人或事物混在一起来谈论或看待。_____

（4）按要求写句子。

①我们还是和睦相处吧，有什么可吵的呢！（改为陈述句）

_____

②照样子，把句子补充完整。

例："哟，这里有一个罐子！"一个人惊讶地说。

a.姐姐_____喊道："我看到流星啦！"

b."这盏灯笼是我自己动手制作的。"芳芳_____回答。

③陶罐很美。

a.改为感叹句：_____。

b.改为反问句：_____。

设计意图：将字词拼读和语句运用作为课堂巩固练习，有效检测学生对课堂内容的掌握情况，为下一课时理解课文寓意奠定知识基础。

4.评价设计

完成情况	自评	学生互评	教师评价
1.我能认真、顺利地完成此次作业。完成时长：_____	☆☆☆	☆☆☆	☆☆☆
2.我能分析理解情绪词汇	☆☆☆☆	☆☆☆☆	☆☆☆☆
3.我能初步把握陶罐和铁罐各自的性格特点	☆☆☆☆☆	☆☆☆☆☆	☆☆☆☆☆

（四）单元名称：第二单元；课时名称：《陶罐和铁罐》第二课时

1.阅读探究类·课中选做（10分钟）

（1）默读课文，想一想：铁罐为什么要奚落陶罐？铁罐是怎样奚落陶罐的？面对铁罐的奚落，陶罐的态度又是怎样的？结合下图，写出问题的答案。

（2）找出文中描写神态的词语，用笔画出来读一读，注意读出铁罐的趾高气扬和陶罐的谦虚。

（3）想一想，括号里可以填上什么词语呢？

① "何必这样说呢？"陶罐（_____）说，"我们还是和睦相处吧，有什么可吵的呢！"

② "和你在一起，我感到羞耻，你算什么东西！"铁罐（_____）说，"走着瞧吧，总有一天，我要把你碰成碎片！"

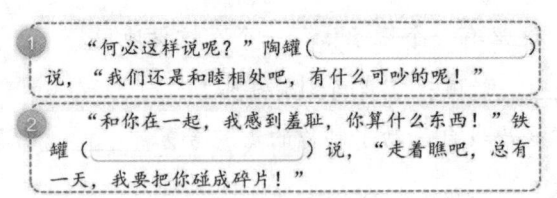

（4）三人为一组，轮流完成表演和评价：每轮两人分角色表演陶罐和铁罐的对话，另一人从语言表达、动作神情两方面进行评价。

> 😠 "你敢碰我吗，陶罐子！"铁罐傲慢地问。
> 😊 "不敢，铁罐兄弟。"陶罐谦虚地回答。
> 😠 "我就知道你不敢，懦弱的东西！"铁罐说，带着更加轻蔑的神气。
> 😊 "我确实不敢碰你，但并不是懦弱。"陶罐争辩说，"我们生来就是盛东西的，并不是来互相碰撞的。说到盛东西，我不见得比你差。再说……"
> 😠 "住嘴！"铁罐恼怒了，"你怎么敢和我相提并论！你等着吧，要不了几天，你就会破成碎片，我却永远在这里，什么也不怕。"
> 😊 "何必这样说呢？"陶罐 平静地 说，"我们还是和睦相处吧，有什么可吵的呢！"
> 😠 "和你在一起，我感到羞耻，你算什么东西！"铁罐 火冒三丈地 说，"走着瞧吧，总有一天，我要把你碰成碎片！"

（5）《陶罐和铁罐》告诉我们（　　）

A.拥有谦虚的品质，就能获得人们的赞美。

B.要善于倾听别人的劝告，诚恳地接受别人的意见，只有这样才有存在的价值。

C.每个人都有长处和短处，要善于看到别人的长处，正视自己的短处，相互尊重，和睦相处。

设计意图：运用圈点、批注、角色扮演等阅读方法，帮助学生初步感受作品中生动的形象和优美的语言，关心作品中人物的情感变化，提高学生的阅读体验，进一步理解课文故事的主要内容和中心主题。

2.综合运用类·课后选做（8分钟）

（1）很多年后，受了伤的陶罐也被人挖出来了，它和铁罐再次见面会产生怎样的对话呢？学习作者的语言、动作、神态描写方法，发挥想象，编创对话。

（2）①观看寓言故事《北风与太阳》（如图3所示），北风和太阳之间发生了什么故事?故事最后，北风为什么悄悄溜走了？

图3　北风与太阳

②想想故事中的北风和课文中的铁罐有什么相似之处？

（3）读一读《伊索寓言》这本书，按要求回答问题。

①你最喜欢的故事是哪一个？

②从这个故事中，你明白了什么道理？

设计意图：因为教材提供的文本是有限的，在立足本课文本的基础上，引入视频故事和书籍两类阅读材料，以突破"文本"的限制，对文本进行有效的拓展。通过这种方式，充分开拓学生的思维和创造力，拓宽他们的知识视野。

3.评价设计

完成情况	自评	学生互评	教师评价
1.我能认真、顺利地完成此次作业。完成时长：＿＿＿＿＿＿	☆☆☆	☆☆☆	☆☆☆
2.我能运用圈点、批注、角色扮演等方法阅读课文	☆☆☆	☆☆☆	☆☆☆
3.我能理解课文故事的主要内容和中心主题	☆☆☆	☆☆☆	☆☆☆
4.我能积极参与拓展阅读活动	☆☆☆	☆☆☆	☆☆☆

（五）单元名称：第二单元；课时名称：《鹿角和鹿腿》第一课时

1.兴趣导向类·课前必做（8分钟）

（1）用自己喜欢的方式读课文，注意读准字音、读通句子。

（2）在读课文时，有哪些生字词的读音是你认为较难掌握的？动动你的巧手，仿照图4中的示例，把它们制作成卡片吧！

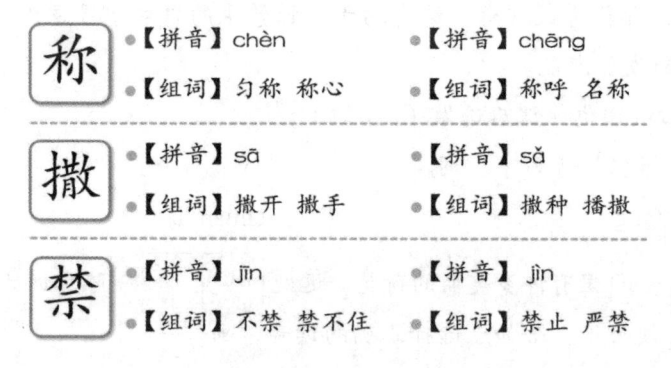

称	【拼音】chèn 【组词】匀称 称心	【拼音】chēng 【组词】称呼 名称
撒	【拼音】sā 【组词】撒开 撒手	【拼音】sǎ 【组词】撒种 播撒
禁	【拼音】jīn 【组词】不禁 禁不住	【拼音】jìn 【组词】禁止 严禁

图4 生字词卡片

设计意图：通过制作字词卡片的活动，引导学生感受汉字的书写特点和形体美，使他们能够感知常用汉字形、音、义之间的联系，激发学生对汉字学习的浓厚兴趣。同时，培养学生养成主动识字的习惯，提高他们独立识字的能力，并以高效的方式识记本课的重点生字词。

2.关键提升类·课中选做（10分钟）

（1）默读课文，思考以下问题：

①鹿最初对自己的角和腿分别是什么态度？后来有什么变化？

②课文讲述了一个什么故事？故事的结局是什么？

（2）将你思考的答案填写在表格中：

	样子	态度	结果
角			
腿			

（3）借助下面的关键词，试着复述故事情节。

| 角 | 欣赏 | 美丽 | 挂住 | 使劲扯 | 挣脱出来 | 差点送命 |
| 腿 | 抱怨 | 难看 | 撒开 | 蹦来蹦去 | 甩在后面 | 狮口逃生 |

设计意图：通过开展任务型阅读，学生通过自学和合作等方式完成教师下达的任务，引导他们在自我探知的同时，充分发挥主观能动性，实现既定目标，并获得成就感。这有助于增强学生的自主学习意识，激发学习兴趣、不断发掘潜能。

3.核心巩固类·课后选做（8分钟）

（1）根据拼音写字、词。

　　chí　táng　　　　　　　　　　chuán　lái

　　□□里有许多美丽的荷花。远处□□一阵急促的脚步声。

（2）读句子，给加点选择正确的读音，画"——"。

①啊！我的身段多么匀称（chēng chèn），我的角多么精美别致，好像两束美丽的珊瑚！

②鹿不敢犹豫，撒（sā sǎ）开长腿就跑。

③鹿忽然看到了自己的腿，不禁（jīn jìn）撇起了嘴，皱起了眉头。

④鹿用尽全身力气，使劲一扯，才把两只角从树枝中挣（zhēng zhèng）脱出来。

（3）根据课文内容填空。

《鹿角和鹿腿》这篇课文主要讲的是在丛林中，一只_____的故事。课文按_____的顺序先写鹿在池塘边_____，抱怨_____，接着写狮子扑来，细长的腿_____，而美丽的角_____。

设计意图：借助田字格规范学生的书写，帮助他们养成良好的书写习惯。通过设置拼音辨读题，检测学生对课堂重点字词的掌握情况。同时，借助填空题考查学生对课文内容的理解程度，为下一课时理解课文寓意奠定知识基础。

（六）单元名称：第二单元；课时名称：《鹿角和鹿腿》第二课时

1.阅读探究类·课中选做（10分钟）

（1）①默读（就是不出声地读）课文《鹿角和鹿腿》，找出描写鹿语言、动作、神态的语句，你能感受到鹿的心情发生了哪些变化？如图5所示：

鹿忽然发现了自己倒映在水中的影子："咦，这是我吗？"

他不着急离开了，对着池水欣赏自己的美丽："啊！我的身段多么匀称，我的角多么精美别致，好像两束美丽的珊瑚！" 神态、动作

鹿忽然看到了自己的腿，不禁噘起了嘴，皱起了眉头："唉，这四条腿太细了，怎么配得上这两只美丽的角呢！"

他叹了口气，说："两只美丽的角差点儿送了我的命，可四条难看的腿却让我狮口逃生！" 伤心

图5 课文《鹿角和鹿腿》选段

②总结一下你找到的情绪变化：

神态	
动作	
语言	

（2）请带着鹿的这些不同情绪，再来读一读。

鹿忽然发现了自己倒映在水中的影子："咦，这是我吗？" 惊讶

他不着急离开了，对着池水欣赏自己的美丽："啊！我的身段多么匀称，我的角多么精美别致，好像两束美丽的珊瑚！" 得意

鹿忽然看到了自己的腿，不禁噘起了嘴，皱起了眉头："唉，这四条腿太细了，怎么配得上这两只美丽的角呢！" 伤心

他叹了口气，说："两只美丽的角差点儿送了我的命，可四条难看的腿却让我狮口逃生！" 羞愧

（3）①你是怎么理解鹿最后说的这句话的？

他叹了口气，说："两只美丽的角差点儿送了我的命，可四条难看的

腿却让我狮口逃生！"

②下面的说法中，你赞同哪一种？说说理由。

说法1：美丽的鹿角不重要，实用的鹿腿才是最重要的。

说法2：鹿角和鹿腿都很重要，他们各有各的长处。

（4）本文这个故事告诉我们：物各有所长、所短，不要因为它的长处而＿＿＿＿＿＿，也不要因为它的短处而＿＿＿＿＿＿；还告诉我们：不要光图美丽的外表，更要讲＿＿＿＿＿。

设计意图：运用圈点、批注、情感朗读等阅读方法，帮助学生感受作品中生动的语言，领略鹿的语言、动作和神态。使学生在理解鹿的内心感受的过程中，进一步体验作者的表达方法，关注作品中人物的命运和情感变化，与他人分享自己的阅读感受，深入理解课文故事的主要内容和中心主题。

2.综合运用类·课后选做（8分钟）

（1）结合下面的关键词，用精彩生动的语言，向家人或同伴讲讲这个故事。

匀称　　精美别致　　撅起了嘴

皱起了眉头　　撒开长腿就跑　　……

（2）按要求写句子。

①鹿的角被树枝挂住了。（改为"把"字句）

＿＿＿＿＿＿＿＿＿＿＿＿＿＿＿＿＿＿＿＿＿＿

②池水清清的，像一面镜子。（仿写比喻句）

＿＿＿＿＿＿＿＿＿＿＿＿＿＿＿＿＿＿＿＿＿＿

③这四条腿太细了，怎么配得上这两只美丽的角呢！（换种说法，不改变句意）

＿＿＿＿＿＿＿＿＿＿＿＿＿＿＿＿＿＿＿＿＿＿

（3）联系实际想一想，在你的生活中还有哪些事情也让你想到了

"事物各有自己的价值,不能只凭外表去判断事物的好坏"这个道理?

_____

_____

设计意图:通过结合关键词复述故事内容,为学生提供口语表达的平台,促使他们乐于用口头、书面的方式与他人进行交流沟通,并愿意分享自己的观点,从而增强表达自信。同时,通过设置与实际生活相关的练习题,帮助学生学会将课内知识与生活经验结合起来理解文章的寓意。通过讨论过程,让学生体会课内知识与现实生活实践之间的密切联系。

3.评价设计

完成情况	自评	学生互评	教师评价
1.我能认真、顺利地完成此次作业。完成时长:_____	☆☆☆	☆☆☆	☆☆☆
2.我能运用圈点、批注、带着情绪读等方法阅读课文	☆☆☆☆☆	☆☆☆☆☆	☆☆☆☆☆
3.我能理解课文故事的主要内容和中心主题	☆☆☆☆☆	☆☆☆☆☆	☆☆☆☆☆
4.我能联系生活实践,理解课文的寓意内涵	☆☆☆	☆☆☆	☆☆☆

(七)单元名称:第二单元;课时名称:《池子与河流》

1.兴趣导向类·课前必做(8分钟)

生活中我们经常见到池子与河流,你能发现它们有哪些不同呢?

> 池子里的水不流动,是死水;河流的水经常流动,是活水。

> 一般来说,池子水量小,河流水量大。

设计意图:联系生活情境创设交流话题,拉近学生与作业之间的距离,激发他们的学习兴趣,从而更好地实现作业目标。

2.关键阅读类·课中选做（10分钟）

（1）听老师读课文，边听边标注诗歌的小节号，并圈画出自己读不准或不理解的字词。

（2）通顺地读两遍课文，边读边思考：

①这篇寓言的主人公是谁？

②他们之间发生了什么事？

（3）池子和河流的命运为什么有这么大的差异？默读课文并补全下表：

	池子	河流
做法		
想法		
命运		

（4）从文中分别找出他们所说的话，你更赞同谁的观点？说说原因。

> 我赞同河流的观念，拥有积极进取的人生态度，才能为社会多作贡献，为自己的生命增光添彩。

（5）生活中你有碰到像"池子"这样的人吗？当碰到时，你会对他说些什么呢？

> 生活中有这样好吃懒做的人，我要劝告他们：懒惰只会让你虚度光阴。只有勤奋努力，积极进取，才能实现自己的价值。

设计意图：通过开展任务型阅读，学生可以通过自学、合作等方式完成教师布置的任务，引导学生在自我探知的过程中充分发挥主观能动性，实现目标，从而获得成就感。这有助于增强学生的自主学习意识，激发学习兴趣、不断发掘潜能。

3.巩固运用类·课后选做（8分钟）

（1）给下列字注音，再按音序把字写下来。

滔（ ）涯（ ）遵（ ）循（ ）碌（ ）验（ ）

_____

（2）根据意思从课文中找出对应的词语。

没有一点忧愁和顾虑。（   ）

形容事务繁杂、辛辛苦苦的样子。（   ）

形容接连不断。（   ）

水流奔腾永不停止，也形容事物永不停息。（   ）

（3）按要求写句子。

①这清闲的生活无忧无虑，还有什么能够替代？（改为陈述句）

_____

②水要流动才能保持清洁。（用带点词造句）

_____

（4）当池子快要完全枯干的时候，他可能会想些什么呢？仿照示例，发挥想象，动笔写一写。

如果我当初听了河流的话，改正自己的错误想法，积极进取，就不会落到今天这步田地。

4.评价设计

完成情况	自评	学生互评	教师评价
1.我能认真、顺利地完成此次作业。完成时长：_____	☆☆☆	☆☆☆	☆☆☆
2.我能完成各项阅读任务	☆☆☆	☆☆☆	☆☆☆
3.我能联系生活实践，理解课文的寓意内涵	☆☆☆	☆☆☆	☆☆☆

（八）单元名称：第二单元；课时名称：口语交际

1.兴趣导向类·课前必做（8分钟）

想一想，说一说，填一填：

你是否担任过班里的班干部呢？

你的班级中，都有哪些班干部？你都了解哪些班干部的工作呢？

设计意图：结合学生们共有的学习生活经历，设定讨论活动，拉近学生与作业之间的距离，并在思考与讨论中，使学生体会话题与生活实践之间的密切联系。

2.合作探究类·课中选做（10分钟）

（1）4人为一小组，围绕"应不应该实行班干部轮流制？"发表意见，小组每个人轮流叙述自己的观点，其他人要认真倾听，可以发表不同的看法。

（2）下面是某两位同学的发言过程，你认为他们在发言阐述的时候有哪些地方做得比较好呢？组内讨论交流。

A同学

①明确观点：我认为应该实行班干部轮流制。

②阐述理由：

首先，班干部在班级中帮助老师处理班级中的事务。不仅可以帮助同学，还可以锻炼自己的能力。如果一些同学一直没有尝试过，就一直得不到锻炼，所以每个同学都应该得到这样提高自己的机会，增强同学们的积极性。

其次，当同学们轮流体验过班干部职务后，自己才能得到展示，也会更清楚自己最擅长的领域。那样不仅对自己的能力更了解，还能更方便老师掌握班里每个同学的能力，今后工作也更有针对性。

最后，我举个例子。记得我以前对班里的生活委员工作不理解，对于他总是提醒我，捡拾自己座位下面的垃圾，把桌椅摆整齐十分反感。后来轮到我当生活委员了，我才真正理解这样做都是为了我好，为了我们集体好，我也更知道平时自己该怎么做了。

③总结发言：所以因为这些理由，我建议每半个学期轮流一次班干部。

B同学

①明确观点：我认为班干部不应该实行轮流制。

②阐述理由：

首先，一些学生对班干部职责并不是发自内心地认真对待，轮到自己时只是出于完成班干部任务的态度，依然我行我素;反过来这样的班干部在开展工作的时候也得不到其他同学的支持和配合，所以如此轮换，缺乏实际效果。

其次，班委会执政时间太短，学生刚刚进入"班干部"的角色就面临下岗，不利于他们能力的锻炼，也使他们容易轻视自己的工作，对工作敷衍了事。

③总结发言：所以我认为班干部就应该固定，不能实行轮流制。

（3）重新自由分组，观点相同的同学2~3人为一小组，仿照示例提纲，在组内依次完成发言，注意理由要阐述清楚。

①明确观点：我认为班干部不应该实行轮流制。

②阐述理由：因为……

③总结发言：所以我认为……

（4）①两两小组PK，互相评价。评价要点有三个方面：观点明确;

理由充分；表述清楚、有逻辑。评选出大家认为讲得最好的小组同学作为代表到班上发言。

②全班交流。其他同学在听别人发言的时候，想一想发言的同学哪里讲得好，哪里讲得不好，最后评选出表现最好的小组。

设计意图：提供示例来降低学生做题的难度，促使学生更愿意主动地参与课堂小组讨论活动中，激发他们的学习热情。在层层递进的过程中，通过示例完成合作发言，实现语言知识的充分运用。

3.巩固运用类·课后选做（8分钟）

（1）选择。

①本次口语交际的主题是（　　）

A. 评选优秀班干部。

B. 应不应该实行班干部轮流制。

②关于班干部的讨论，下列说法正确的是（　　）

A. 当别人的观点与自己的观点发生冲突时，首先要表示强烈反对。

B. 要一边听一边思考，有疑问的地方提出来，与大家一起讨论。

C. 我认为每个人都有自己的观点，所以别人的发言可不听。

（2）判断，正确的打"√"，错误的打"×"。

①班干部还是让学习好的同学担任，他们会调动全班同学学习的积极性。（　　）

②管理者一定要聪明，不聪明的人连自己都管不好，怎能去管好别人呢？（　　）

③轮流担任班干部，能调动全班同学的积极性，让每位同学都走上领导的岗位，体验管理的难度。（　　）

④班干部这个角色对人没什么特殊要求，什么样的人都适宜当班干部。（　　）

（3）如果班干部不轮流，你有什么好的方案和建议吗？

指定制？竞选制？抓阄制？

———————————————————————————————
———————————————————————————————
———————————

设计意图：通过选择、判断和建议活动题，紧扣口语交际的中心话题，引导学生进一步巩固、理解和运用所学内容。

4.评价设计

完成情况	自评	学生互评	教师评价
1.我能认真、顺利地完成此次作业。完成时长：_____	☆☆☆	☆☆☆	☆☆☆
2.我能感受到话题与生活的密切联系	☆☆☆☆	☆☆☆☆	☆☆☆☆
3.我能积极参与各项活动	☆☆☆☆☆	☆☆☆☆☆	☆☆☆☆☆
4.我能在小组中团结合作	☆☆☆	☆☆☆	☆☆☆
5.我能提出切实有效的意见和建议	☆☆☆☆	☆☆☆☆	☆☆☆☆

（九）单元名称：第二单元；课时名称：习作

1.兴趣导向类·课前必做（8分钟）

观看《放风筝》乐曲视频。放风筝在我国已有2500年的历史了，从古到今，放风筝都是人们非常喜爱的一项文娱活动。同学们放过风筝吗？说说你放风筝时的场景吧！

设计意图：拓展与习作话题相关的视频材料，激发学生的做题兴趣，为后续学习奠定基础。

2.关键提升类·课中选做（10分钟）

（1）按照由近及远、从地面到天空的顺序观察下图，找出你看到的内容。

小学生作业设计的研究与实践

看到的
地面：
近处：
远处：
天空：

（2）请按照学习单的要求，将画面内容观察得更细致。

学习单一			
地面	近处	人物	干什么（动作）
:::	:::	一个男孩	
:::	:::	另一个男孩	
:::	:::	小女孩	
:::	远处	小朋友	
:::	:::	爸爸妈妈	

学习单二		
天空	风筝（颜色、形状）	
:::	白云	
:::	天气	

（3）仿照示例，充分运用学习单的内容，将画面内容写完整。

- 246 -

> 穿粉裙子的小姑娘，手里拿着一只蝴蝶形的风筝，笑眯眯地看着身旁的小男孩。

（4）除了要把观察到的写下来，还可以适当加入一些想象，丰富画面的情节。可以联系自己放风筝的体验展开想象：人物可能会说些什么，心里可能会想些什么。说的、想的，只要符合画面内容，合情合理就可以了。

（5）习作完成后，在班级内和同学分享，从是否"写清楚"和"有无错别字"两个方面互相评价，根据同学的评价修改习作。

设计意图：围绕"放风筝"这一主题展开仿写与创作，引导学生通过仔细观察图画，展开合理的想象，将观察到的和所思所想写下来。在写作过程中，注意叙述清楚、有条理，充分展开想象，并掌握详略得当的表达方式。

3.巩固运用类·课后选做（8分钟）

（1）这次习作要求我们（　　）

A. 看图写一段话。 B. 写一篇读后感。 C. 写一封书信。

（2）下列各项中与习作内容无关的是（　　）

A. 交代图中的时间、地点和天气。

B. 写清风筝是如何制作的。

C. 描写放风筝热闹、欢快的场面。

D. 写清图中有哪些人，有什么样的风筝。

（3）下面的材料，能作为本次习作材料的打"√"，不能的打"×"。

小红带来了一只蝴蝶风筝。（　　）

小强拿出看家本领，放飞自己的风筝。（　　）

大家说某人的风筝太丑，放风筝技术差。（　）

小明和小刚合作，齐心协力一起把燕子风筝放上天空。（　）

（4）看图画，写一写：

①写前仔细观察图画，想一想：

图5中有哪些人？他们在干什么？他们的动作分别是怎样的？可能说了哪些话？

②注意语句通顺连贯，无错别字，将图6中的内容介绍清楚。

图6　看图写作

_____

_____

_____

_____

设计意图：提供同一话题材料，要求学生能按照一定顺序观察图画，并展开想象。能把自己观察到的和所思所想写清楚，透过人物的外表想象内心，将画面内容具体化。在写作训练中，充分锻炼学生的想象力和写作能力。

4.评价设计

完成情况	自评	学生互评	教师评价
1.我能认真、顺利地完成此次作业。完成时长：_____	☆☆☆	☆☆☆	☆☆☆
2.我能感受到话题与生活的密切联系	☆☆☆☆	☆☆☆☆	☆☆☆☆
3.我能认真观察图片，分析信息	☆☆☆☆	☆☆☆☆	☆☆☆☆
4.我能联系生活，展开合理、丰富的想象	☆☆☆☆	☆☆☆☆	☆☆☆☆
5.我能完成习作，将图画内容介绍	☆☆☆☆	☆☆☆☆	☆☆☆☆

（十）单元名称：第二单元；课时名称：语文园地

1.基础巩固类·课中必做（8分钟）

（1）多音字组词。

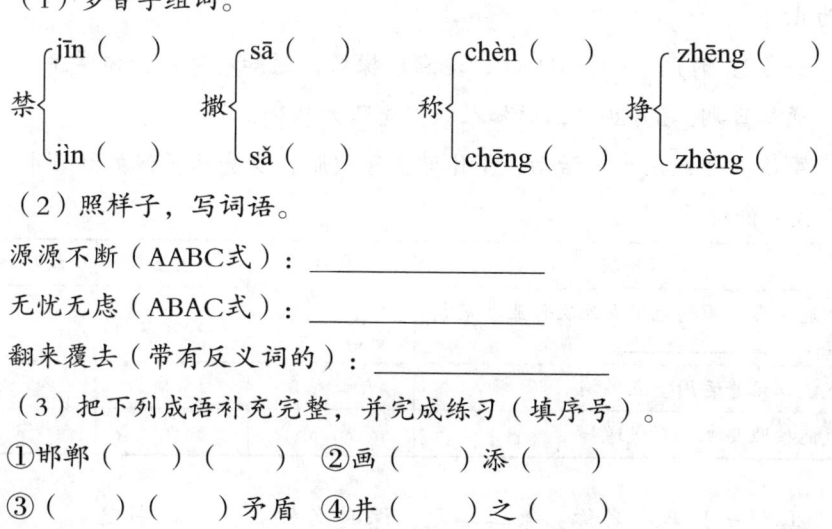

禁 { jīn（ ） / jìn（ ） }　　撒 { sā（ ） / sǎ（ ） }　　称 { chèn（ ） / chēng（ ） }　　挣 { zhēng（ ） / zhèng（ ） }

（2）照样子，写词语。

源源不断（AABC式）：_____

无忧无虑（ABAC式）：_____

翻来覆去（带有反义词的）：_____

（3）把下列成语补充完整，并完成练习（填序号）。

①邯郸（ ）（ ）　②画（ ）添（ ）

③（ ）（ ）矛盾　④井（ ）之（ ）

⑤杞人（ ）（ ）　⑥滥竽（ ）（ ）

a.这篇文章逻辑混乱，前后说法_____，需要进一步修改。

b.我们要多阅读，多实践，不要做眼界狭小的_____。

c.这篇文章已经很完整了，你再往下续写就是_____了。

设计意图：通过多音字组词、仿写词语、成语运用，综合考查学生对基础知识的理解、掌握和运用情况。

2.能力提升类·课后选做（5分钟）

明确"通知"的格式，选择一个任务，写一则通知。

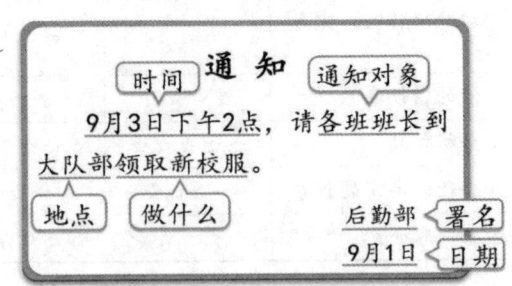

```
        时间        通 知       通知对象
    9月3日下午2点，请各班班长到
    大队部领取新校服。
    地点    做什么          后勤部    署名
                            9月1日    日期
```

任务1：时间：3月20日开始；地点：健康大药房；通知对象：顾客

通知日期：3月17日；通知人：健康大药房

事情：药房新到一批医用口罩。顾客凭自己身份证每天可买五只，售完为止。

任务2：时间：6月1日9:00；地点：操场；通知对象：全体学生

通知日期：5月29日；通知人：少先队大队部

事情：全校庆六一活动，全体学生穿校服，少先队员佩戴红领巾。

3.评价设计

完成情况	自评	学生互评	教师评价
1.我能认真、顺利地完成此次作业。完成时长：_____	☆☆☆	☆☆☆	☆☆☆
2.我能识记并运用重点字词	☆☆☆☆	☆☆☆☆	☆☆☆☆
3.我能按照要求，完成通知	☆☆☆☆☆	☆☆☆☆☆	☆☆☆☆☆

（十一）单元名称：第二单元；课时名称：快乐读书吧

1.兴趣导向类·课前必做（8分钟）

设计并绘制我的"阅读记录卡"（如图7所示），为本单元的快乐阅读活动做准备。

```
                小故事大道理
             ——寓言故事阅读记录卡

        阅读时间：_____    阅读者：_____

        书籍名：_____   寓言题目：_____

        寓意：_____

        你的感受：_____
```

```
                 小故事大道理
             ——寓言故事阅读记录卡

        阅读时间：_____   阅读者：_____
        我最喜欢的寓言故事：_____
        推荐理由：_____
        推荐指数：☆☆☆
```

图7 阅读记录卡

设计意图：与美术学科相融合，在自主设计与制作的过程中，激发学生的学习兴趣，为后续的阅读活动奠定基础。

2.阅读探究类·课中选做（10分钟）

（1）回顾本单元的几篇寓言故事，与同学们分享你的阅读方法。

（2）运用下面的方法读一读"叶公好龙"的故事，并思考这些问题：

    先读后悟   联系自己   提出问题

    展开联想   梳理启示   寻找相似

①故事讲了什么？

②通过故事，你能体会什么道理？

（3）选择你喜欢的一个故事，并在小组中交流阅读感受。

《伊索寓言》

狐狸和葡萄

在一个炎热的夏日，一只狐狸走过一个果园，它停在了一大串熟透而多汁的葡萄前。它从早上到现在一点儿东西也没吃呢！狐狸想：我正口渴呢。于是它后退了几步，向前一冲，跳起来，却无法够到葡萄。狐狸后退了几步，继续试着够葡萄。一次，两次，三次，但是都没有够到葡萄。狐狸试了又试，都没有成功。最后，它决定放弃，它昂起头，边走边说："我敢肯定它是酸的。"正要摘葡萄的松鼠说："既然是酸的那就不吃了。"松鼠又告诉了准备摘葡萄的兔子，兔子也没有摘，兔子告诉了树上的猴子。猴子说：我才不信呢，我种的葡萄我不知道吗？肯定是甜的。"猴子说着便摘了一串吃了起来，吃得非常畅快。

《克雷洛夫寓言》

狐狸和葡萄

饥饿的狐狸越过果树园的墙头，看到了一串串的葡萄。狐狸的视线--落在葡萄上，眼睛和牙齿都发亮了。多汁的葡萄在阳光中亮晶晶的像碧玉一般。唯一的遗憾是葡萄都挂得高高的，狐狸无论怎样也够不着。眼睛瞅得见，牙齿可咬不着。白费了整整--个钟头，狐狸只好跑开去了。走的时候，他愤愤地说道："算了！虽然看上去挺好，实际上却都没成熟！没有一颗不是酸的！我又何必叫我的牙齿咯咯咯地发响呢？

（4）填写你的阅读记录卡。

设计意图：在立足课内文本的基础上，提供阅读材料，以突破"文本"的限制，并对文本进行有效的拓展。充分开拓学生的思维和创造力，拓宽他们的知识视野。

3.实践活动类·课后选做（8分钟）

寓言故事知多少活动。

本单元我们学习的4则寓言故事涵盖古今中外，有中国古代寓言、当代寓言，也有伊索寓言和克雷洛夫寓言。请从上面的4种寓言故事类别中任选一类，相同选择的同学组成一队，合作收集3个以上相同类别的故事资料，并完成表格：

_____寓言故事

名称	内容简介	寓意道理	阅读感想

小组任务分工情况

成员姓名	任务分工	成果展示	评价情况

设计意图：从单元主题出发，开展调查活动，为学生提供一个实践应用的展示平台。引导学生有目的地搜集资料，并主动了解寓言故事，共同进行讨论，尝试运用语文知识并结合其他学科知识解决问题，以激发学生阅读寓言故事的浓厚兴趣。通过组织有趣味的语文实践活动，帮助学生在活动中学习语文，并培养合作能力。

4.评价设计

完成情况	自评	学生互评	教师评价
1.我能认真、顺利地完成此次作业。完成时长：_____	☆☆☆	☆☆☆	☆☆☆
2.我积极参与调查活动，收集资料	☆☆☆☆☆	☆☆☆☆☆	☆☆☆☆☆
3.我能在小组中团结合作	☆☆☆☆☆	☆☆☆☆☆	☆☆☆☆☆
4.我能运用课内所学的阅读方法，理解故事寓意	☆☆☆☆☆	☆☆☆☆☆	☆☆☆☆☆

五、单元作业设计效果

本次作业设计着眼于单元整体，准确定位作业功能，树立"以学生为本，新颖多样、面向全体、学以致用"的语文作业观念。在此基础上统筹安排作业目标，充分发挥作业对学习目标达成和教学评价等方面的积极作用。

沿着"注重学生差异性，作业设计层次化"的思路，精心选择作业内容，设计听、说、读、写相结合的综合作业。统筹安排作业时间、难度、类型，增强作业的整体性、结构性、关联性、递进性。从学科技能、学科知识、情感态度等方面对教学内容和学情进行全面客观分析。基于单元整体性特点，构建"课内外联系、校内外沟通、学科间融合"的单元整体作业方向，作业内容从课内延伸至课外，从已知拓展至未知，合理设计作业，形成开放的作业形式。

通过"独立思考+合作探究"的作业方式，采用自主学习、小组合作的完成方式，设计分层作业，在丰富多样的作业题型中充分激发学生的主观能动性和学习兴趣，拓展学生的学习思路，帮助学生更好地掌握知识。在实践活动中运用丰富的知识提高自身能力，培养学生与他人沟通、协调和合作的能力，促进学生学科综合能力的发展。

《中国龙》作业设计

武汉市光谷第十一小学　胡兰田　陈晓丹

一、教材分析

说到龙,每一个中国人都不陌生,在中国传统文化的熏陶下,和龙有关的故事、俗语等伴随着我们成长,五年级《中国龙》一课应运而生,它是一节以"欣赏与评述"为主,融"设计与应用""造型与表现"于一体的美术课,是传承中国传统文化,弘扬民族精神,激励学生创造表现的良好契机。因此本案例设计了基础作业、探究作业、综合作业三个不同层次的作业,让学生在学习中,能自主选择适合自己能力水平的艺术实践,从中获得成就感。引导学生欣赏并了解中国龙文化的历史起源、发展,认识龙的特点、造型、动态中所具有的形态美,并能抓住龙的特点、造型、动态创作龙的形象,能在绘画中表现龙的精神、气势,表达对中国龙文化、龙的象征意义的理解,感受传统文化中的民族精神,体验造型与设计的乐趣。

二、学情分析

对于五年级的学生来说,已经掌握了一定的美术基础知识和基本技能。多数同学可以从造型、色彩方面对艺术作品进行简单的描述与分析，具备了小组合作学习的能力。这节课以欣赏为辅，画龙为主，作为龙的传人，带着对中国龙的尊重与崇拜学习本课，了解中国龙的历史，并熟悉中华民族传统文化中龙的地位，体会龙的精神，借龙的精神树立中华民族精神。把握龙的形态特征是本课的核心，因此，在"双减"背景下，本案例通过设置师生互动、小组合作等，让学生通过分组的形式了解龙的象征意义，欣赏龙的造型；抓住龙的特点及动态，用"画、做、演"的方式表现出龙的精神与气势，让学生感受中国龙的文化魅力，激发学生对中华民族传统文化的热爱。

三、学习目标

（1）初步了解中国龙文化、历史；

（2）通过观察，认识龙造型的变化，龙在中华民族传统中龙的地位；

（3）知道龙的各部位的动物原型与象征意义；

（4）能抓住龙的特点、造型、动态自己创作一幅龙的绘画；

（5）通过学习，感悟中国龙的民族精神和象征意义，激发学生身为"龙的传人"的自豪感与使命感。

四、作业设计内容

（一）课前作业设计

通过课前预习，查找资料，了解:

（1）有哪些关于龙的习俗？

（2）你听过哪些关于龙的传说？你认为龙真实存在过吗？

（3）查一查龙的字体演变及造型演变。

（4）龙的特点有哪些？

（5）关于中国龙的历史有哪些？

与龙有关的小知识、龙的各部分造型特征及龙的造型演变过程详见图1、图2和图3。

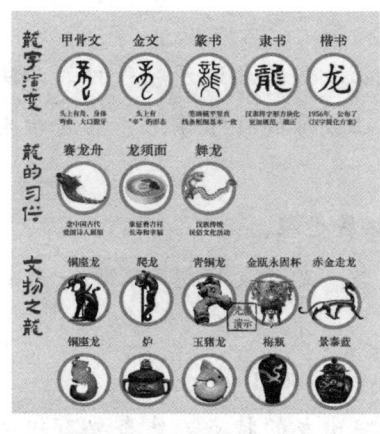

图1 和龙有关的小知识　　图2 龙的各部分造型特征

图3 龙的造型演变过程

（二）课中作业设计

1.设计意图

通过课上学习，同学们已经初步了解关于中国龙的特点，并且龙有着丰富的内涵，所以，为了激发学生对龙的奇特想象，鼓励他们能够大胆地创作，利用夸张的动作，展示出龙的精神与气势，特设计了一系列作业。

2.作业类型

（1）基础性作业——画龙

①欣赏不同时期的龙，引导学生仔细观察龙各部分的造型，以及不同龙的姿态所蕴含的寓意。

特点：龙角与鹿角相似，龙嘴是鳄鱼的嘴巴，龙的身体是蛇的身体，龙的爪子是老鹰的爪子，龙鳞与鱼鳞异曲同工……使学生关注龙各部分的细节。

②教师利用直观演示作画步骤，以及如何表达龙精气神的方法（龇嘴獠牙的神情、腾云驾雾的动作、吞吐云雾的样子等），启发学生大胆创作。

③欣赏优秀作品（图4、图5），拓展思维。

④艺术实践：结合龙的特点、姿态，充分发挥想象，画一条威武的龙（初级版作业）。

用画龙的形式设计一枚生肖邮票（升级版作业）。

注意：构图饱满，造型要大胆，突出龙的特点，线条要有粗细、疏密变化，注意颜色搭配。

图4　507干昕媛的作品　　图5　503李家钰的作品

评价：是否能抓住龙的特点及动态，体现龙的精气神，构图合理，线条流畅，色彩适宜，进行自评、互评、师评。

（2）探究性作业——做龙

①用卡纸、彩纸、中国颜料、拓印工具等材料，可剪出传统的剪纸龙，在宣纸上画出蕴含墨色变化的龙，在纸袋上拓印出富含肌理的龙，绘画结合剪贴的方式动手制作立体龙贺卡，还可结合以前学习过的制作

《中国龙》作业设计

拉花的方式做龙身表现龙的形象,学生可手持展示,锻炼学生的创造能力及动手能力。优秀作品见图6-图11。

图6　505班 何可欣的作品

图7　408班 吴嘉琪的作品

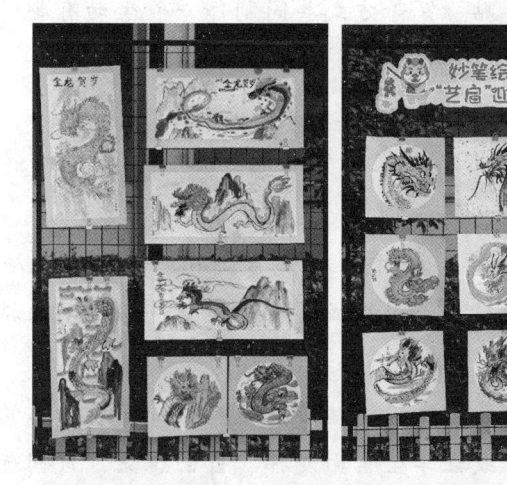

图8　光谷十一小国画社团

图9　拓印纸袋龙作品

图10　109班 胡云凡的作品　　图11　301班 胡云翔的作品

②学生分组合作探究，在了解龙的特点的基础上，合理利用不同的材料制作不同形式的龙。可准备纸盒做龙身，用剪刀剪出龙纹粘贴，用快餐盒做头等，引导学生启发构思，结合饮料瓶、绸带、食品袋等废旧材料的特点，采用剪、贴、穿等方式共同制作一条生动有趣的龙。（同时为"演"做准备）

（3）综合性作业——演龙

①结合舞龙音乐，进行小组龙作品的展示，摆出龙的静态姿态动作，秀出龙的精气神。

②小组设计表演脚本，进行舞龙动态展示，表演。表演生动、形象、有创意，体现龙的精神，小组成员配合默契，体现龙的精神就是中国人团结凝聚的精神，升华主题。

在这一过程中可培养学生的团结协作的能力，发展动作的灵活性，感受民间舞龙的乐趣。或让学生自由发挥、自由想象、自创玩法，自导自演一出关于中国龙的情景剧，这既融入了语言和艺术知识，又渗透了体育技能，让学生在表演中学会合作与分享，乐于展示成果，从而爱上中华民族传统文化如图12所示。

（三）课后作业设计

1.设计意图

亘古至今有着许许多多关于中国龙的文化历史与艺术作品，例如：新石器时代出土的玉猪龙，这时龙的形象花纹都比较单一，到了商周时期龙的表现形式各类各异，花纹也逐渐繁多；还有唐朝的云龙纹铜镜，此时期龙的图案已然是精致华丽，并且龙作为中国的图腾，寓意着美好吉祥。至今，龙的形象已然运用到了我们的环境装饰、服装、包鞋等设计中，成为了新的潮流，如图12所示。

图12 以龙为设计元素的潮流物品

2.作业要求

（1）请同学们查阅书籍、网络，参观博物馆，走进中国龙的世界，体会中国龙的文化精神。

（2）请同学们合作设计创作一件带有中国龙图案的服饰。

3.作业评价

评级内容	评级等级	自评	师评
能熟练掌握教学内容，并按照要求完成作业	☆☆☆了解中国龙的特点，认识龙的造型变化，熟练掌握课堂所授技巧，灵活运用在自己的作品中 ☆☆基本能抓住龙的造型特征，了解课堂所授技巧，简单表现龙作品 ☆对中国龙教学内容熟悉程度欠缺，相关技巧掌握不足，需增强		
能依据所学知识进行知识迁移运用	☆☆☆通过学习能感悟中国龙的民族精神，结合人文历史进行合理的知识迁移 ☆☆基本了解中国龙的象征意义，简单运用所学知识，初步了解中国龙文化 ☆对于中国龙文化知识的掌握有待加强		
能积极与他人合作	☆☆☆能积极和他人合作，在合作中积极主动，乐于展现自我 ☆☆基本能与他人合作，在合作中较为主动 ☆需要形成团队意识，努力与他人积极合作		

五、效果分析

本节课中的所有作业设计案例都是结合"双减"政策的理念，是"双减"政策下的作业形式的创新，从课前导入到课后动手实践，始终贯穿一个原则，那就是要学生积极主动地参与课堂，充分发挥学生主体性的地位。课前的谜语、视频导入，使每一位学生都参与到了课堂中，积极踊跃地发表自己的观点；在团队合作中，学生产生头脑风暴，每一位学生都有自己独到的见解，抓住了中国龙的特点，将这些元素融合到一起，每个小组的作品异常出色。课后作业的拓展，使每位学生都认识到了中国深厚的文化底蕴，激发了对中华民族传统文化的热爱和作品创作激情，效果甚好。

六、案例反思

本次作业设计围绕新课标教学理念，充分发挥了学生的主观能动性，锻炼学生的观察能力和动手能力。首先，以龙文化为源，表现中国龙。从和龙有关的知识到龙的局部特征，再到龙的整体，循序渐进地使学生认识中国龙并掌握其特征，鼓励学生大胆创作，大胆试误，所以在整个教学中，学生都是处在较轻松愉快的状态中学习，尤其是在表现龙时，通过不同形式展现龙的形态，让学生更深地了解龙的精神和文化；其次，以龙精神为要，传达中国情。引领学生认识了解中国龙图像的意义，使学生感受龙文化在我国的独特魅力。在师生互动探索中，既有学生独立思考，又有团队协作，而这团结凝聚的精神也正是中国龙的精神。这一课的学习，不仅使学生了解到中华民族的文化,掌握了中国龙的形态特征，更重要的是在"玩"中培养了学生的创新精神和实践能力。这充分体现了《美术课程标准》中"崇尚文明，珍视优秀的民族、民间美术与文化遗产，增强民族自豪感"的课程目标，让学生真切地感悟我国劳动人民的创造力和传统文化的博大精深。

《中国龙》作业设计

在今后的教学过程中,我们会不断改进教学评的方法,上"好"一节美术课,不仅要让学生掌握一定的绘画基础知识和基本技能,更是要培养学生的观察能力、鉴赏能力、创新能力和共情能力。要努力为学生创造一个轻松愉快、有趣的学习气氛,使学生感到学习美术是一种享受,一种乐趣。